安宁 解析

许渊冲 译

英译风雅《诗经》

许渊冲英译风雅《诗经》

既见君子，云胡不喜

汉英对照

江苏凤凰文艺出版社

图书在版编目（CIP）数据

既见君子，云胡不喜：汉英对照 / 许渊冲译；安宁解析. —— 南京：江苏凤凰文艺出版社，2022.11
ISBN 978-7-5594-7136-9

Ⅰ.①既… Ⅱ.①许… ②安… Ⅲ.①古典诗歌 – 诗集 – 中国 – 汉、英 Ⅳ.①I222

中国版本图书馆CIP数据核字(2022)第161575号

既见君子，云胡不喜：汉英对照

许渊冲　译　安宁　解析

责任编辑	周颖若	
特约编辑	刘文文 李辉	
装帧设计	末末美书	
出版发行	江苏凤凰文艺出版社	
	南京市中央路 165 号，邮编：210009	
网　　址	http://www.jswenyi.com	
印　　刷	北京盛通印刷股份有限公司	
开　　本	787 毫米 × 1092 毫米　1/32	
印　　张	7	
字　　数	150 千字	
版　　次	2022 年 11 月第 1 版	
印　　次	2022 年 11 月第 1 次印刷	
书　　号	ISBN 978-7-5594-7136-9	
定　　价	49.80 元	

江苏凤凰文艺版图书凡印刷、装订错误，可向出版社调换，联系电话025-83280257

写得美花初放到西园

武

目录 Contents

A Dancer
Songs of Bei

With main and might
Dances the ace.
Sun at its height,
He holds his place.

He dances long
With might and main.
Like tiger strong
He holds the rein.
A flute in his left hand,
In his right a plume fine,
Red-faced, he holds command ,
Given a cup of wine.

Hazel above,
Sweet grass below.
Who is not sick for love
Of the dancing Beau?
Who is not sick for love
Of the Western Beau?

邶风·简兮

简兮简兮，方将万舞。

日之方中，在前上处。

硕人俣俣，公庭万舞。

有力如虎，执辔如组。

左手执龠，右手秉翟。

赫如渥赭，公言锡爵。

山有榛，隰有苓。云谁之思？

西方美人。彼美人兮，西方之人兮。

知识小贴士

　　本诗是周朝邶地民歌，是一首从女粉丝的角度所写的赞美舞师的诗歌，作者佚名。

　　全诗共四章，前三章四句，后一章六句。第一章写卫国宫廷举行大型的舞蹈；第二章写舞师武舞时的雄壮勇猛；第三章写他起舞时的雍容优雅和风度翩翩；第四章是旁观的女性爱慕者情感发展的高潮，倾诉了她对舞师的深切仰慕和相思之情。

　　本诗描述了壮观的万舞表演场面，塑造了领队舞师的英武形象，显示出较高的艺术性。诗中用"山有榛，隰有苓"托兴，以树隐喻男子，以草隐喻女子，托兴男女情思。尤其是全诗的第四章，具有很高的艺术魅力，朦胧缥缈的意境，幽深含蓄的隐语，将诗中女子委婉绵长的情感显露无遗。清代学者牛运震曾在《诗志》中评论此章，以"细媚淡远之笔作结，神韵绝佳"，可谓深得其妙。

● 译文

鼓声隆隆震四方，盛大万舞将开场。红日高悬照大地，舞蹈领队站前方。

舞师英武又健壮，公庭之上演万舞。动作有力如猛虎，手握缰绳若丝带。

左手拿着籥管吹，右手拿着翎毛舞。红光满面如赤石，公侯连说快赐酒。

高高山上有榛树，低洼湿地生苍耳。心中思念是何人，正是西边美善人。英俊舞师何处来，英俊舞师西边来。

● 解读

哪个女子不爱慕才华横溢的男子？更何况他还是万人敬仰、威震八方的英俊舞师。他早已名扬天下，可是爱慕他的女子啊，日思夜想，难以跟他相见。

这一天终于到来，西周的舞师来到卫国表演。她在人山人海中，见到了梦中曾与她执手相望的舞师。此刻，他就是她心中的神，她多想与人分享内心的快乐，多想告诉每一个人，舞师怎样威风凛凛、威武雄壮。

看他将战鼓擂得震天响，一场精彩绝伦的万舞表演，即将在鼓声中开启。红日当空，所有光芒都被领队的舞师吸附。此刻他就是世间的光，日月星辰都要借助他才能发出光亮。他健壮有力，能够翻转巨大的舞台。那些掌控千军万马的将军，此刻也只能坐在观众席上仰慕他的光华。看他时而如猛虎下山，力拔山兮；时而如驾驭马车的将领，手握缰绳，万里驱驰。看他左手执笛，奏出人间仙乐飘飘，右手挥舞野鸡鲜艳的尾羽，跳出野兽震动山林的气势。他血液奔突的脸上，犹如涂抹着厚厚的红泥。就连公侯也被他震撼，连连让人赐酒，给他宫廷最高的奖赏。

高耸的山上有挺拔的榛树，低洼的湿地里有碧绿的苍耳。女子心里思念的那个人啊，他在舞台上光芒四射，犹如参天大树，可他不在她的故乡，当这场表演结束，他就会回归，至此再难与他相见。这世间让人绝望的相思，究竟何时才能终结？

A Cypress Boat
Songs of Yong

A cypress boat
Midstream afloat.
Two tufts of hair over his forehead,
He is my mate to whom I'll wed.
I swear I won't change my mind till I'm dead.
Heaven and mother,
Why don't you understand another?

A cypress boat
By riverside afloat.
Two tufts of hair over his forehead,
He is my only mate to whom I'll wed.
I swear I won't change my mind though dead.
Heaven and mother,
Why don't you understand another?

鄘风·柏舟

泛彼柏舟，在彼中河。

髧彼两髦，实维我仪。

之死矢靡它。母也天只！不谅人只！

泛彼柏舟，在彼河侧。

髧彼两髦，实维我特。

之死矢靡慝。母也天只！不谅人只！

知识小贴士

此诗是对自由追求爱情的咏叹，作者佚名。诗中主人公应该是一个待字闺中的少女，她爱上了一个不到二十岁的少年郎。但少女的选择没有得到母亲的同意，她满腔怨恨，发誓要和母亲及命运抗争到底。

诗歌开篇以柏舟泛流起兴，写少女为自己的婚姻恋爱受阻而苦恼，好比在河中漂荡的柏木小舟。古代男女婚姻都要遵从父母之命、媒妁之言。像这种敢爱敢恨的少女想要自由恋爱，有违传统习俗，父母当然不会同意。母女二人的矛盾不可调和，才有了"之死矢靡慝"的决绝抗争。

这首诗是对先秦时代汉族民间婚恋的现实反映。一方面，人们在政令许可的范围内享有一定的爱情自由，原始婚俗也有传承。另一方面，"取妻如之何？必告父母""取妻如之何？匪媒不得"（《齐风·南山》），又是当时的普遍状况，礼教通过婚俗和舆论干预着人们的生活。所以诗中姑娘既能自行选择恋人，又同时受到母亲的限制。压迫之下，就有了青年男女为争取婚恋自由而生的反抗意识。因此，此诗具有折射并记录当时社会风貌与婚恋变化的价值和意义。

●译文

柏木小船在河中漂荡，漂泊荡漾到河水中央。垂发齐眉的少年郎啊，他是我心中痴爱的好恋人。我至死不会将爱他的心意变。可是苍天啊娘亲啊，你怎么不相信我的一片真心！

柏木小船在河中漂荡，漂泊荡漾在河水岸旁。垂发齐眉的少年郎啊，他是我心中倾慕的好对象。我至死不会变动爱他的信念。可是苍天啊娘亲啊，你怎么不相信我的一片真心！

●解读

怀春少女若是爱上了翩翩少年郎，整个人就会化作扑火的飞蛾，谁也阻挡不了。她的心里全是那个俊美的少年，一想起他就脸红心跳，一看到他就手足无措。举手投足之间，他宛若天上星辰，熠熠闪光。这光泽照亮了她孤独的青春，让她犹如荒原上横生的野草疯狂地燃烧。她打定了主意，为了这份爱情修成正果，要跟爹娘抗争到底。

她思春思到恨不能让魂魄跟着柏木小船漂向心爱

的少年郎。她要向他无休无止地倾诉内心的思念和哀愁。她因为这份爱，从一个羞涩少女变成所向披靡的英勇战士。她要对抗一切世俗的阻碍，她要做一条逆流而上的鱼，跳到他的身边，嫁给他，为他生下一堆活泼泼的孩子，她要将全部的人生都交付给他。如果魂魄不能过去，她就变成一条柏木小船，将他盛放在心里，陪他浪迹天涯，每日在河上歌唱，永不抵达陆地。陆地上没有什么值得留恋，她厌倦了世俗的人间，她要与深爱的人啊，自此在江河中自由游走。

她确信自己会至死不渝地爱他，她确信自己看中的少年是一生的好伴侣，那个生下她又将她抚养成人的娘亲啊，那个宠她爱她曾经跟她心灵相通的娘亲啊，却千方百计地阻拦她，不让她乘着舟楫驶向幸福的港湾。但爱情路上横生的枝杈，绝不能将她阻拦。这一次，她不会向生命中挚爱的娘亲妥协，轻易地放弃这得之不易的爱情。于是她走到河边，看着自由荡漾的柏木小船，仰天发出愤怒的呼喊：大地啊，娘亲啊，你们睁开眼睛，看看这个为真爱燃烧的少女吧，看看她选定的情郎吧！她要与他相亲相爱，她要与他携手到老，求你们听听她内心的呐喊！

Amid the Mulberries
Songs of Yong

"Where gather golden thread?"
"In the fields over there."
"Of whom do you think ahead?"
"Jiang's eldest daughter fair.
She did wait for me, neath mulberry,
In upper bower tryst with me
And see me off on River Qi."

"Where gather golden wheat?"
"In northern fields o'er there."
"Whom do you long to meet?"
"Yi's eldest daughter fair.
She did wait for me 'neath mulberry,
In upper bower tryst with me
And see me off on River Qi.

"Where gather mustard plant?"
"In eastern fields o'er there."
"Who does your heart enhant?"
"Yong's eldest daughter fair.
She did wait for me, neath mulberry,
In upper bower tryst with me
And see me off on River Qi."

鄘风·桑中

爰采唐矣？沬之乡矣。云谁之思？

美孟姜矣。期我乎桑中，要我乎上宫，送我
乎淇之上矣。

爰采麦矣？沬之北矣。云谁之思？

美孟弋矣。期我乎桑中，要我乎上宫，送我
乎淇之上矣。

爰采葑矣？沬之东矣。云谁之思？

美孟庸矣。期我乎桑中，要我乎上宫，送我
乎淇之上矣。

知识小贴士

　　此诗是对思念恋人的热烈歌咏，作者佚名。曾有部分研究者认为此诗是对当时贵族情感作风问题的折射。但此诗轻快活泼，情感炽热，故多数研究者倾向于这是一首赞颂男女欢会的热烈奔放之作。

　　此诗三章，均以采摘植物起兴。此为上古时期吟咏爱情、婚嫁、求子等内容时，常用的创作手法。植物代表着旺盛的生命力和收获的欢欣，因此易与代表生生不息的人类情欲与繁殖产生关联。在绿意葱茏的大地上，人们内心情感勃发，能够感知到生命之美，与对恋人的眷恋与柔情。故以"采唐""采麦""采葑"起兴，含蓄而又深情，并蕴含无限深意。

此诗最大特色，便是自言自语，反复咏唱。"兴"之后的正文中，年轻的主人公完全沉浸在爱情狂欢过后的甜蜜回忆之中。每章除了改换欢爱者名姓外，三章完全相同，反复歌咏在"桑中""上宫"里的销魂时刻，以及送别淇水之滨的百般缠绵，文字直白奔放，让读者忍不住被炽热爱情席卷。

●译文

去到哪里采女萝？到那卫国沫邑乡。问我心中思念谁？她是娇艳姜美人。约我来到桑林中，邀我欢会在上宫，送我告别淇水旁。

去到哪里采麦穗？到那卫国沫邑北。问我心中想念谁？她是动人弋美人。约我等待桑林中，邀我欢会在上宫，送我告别淇水边。

去到哪里采蔓菁？到那卫国沫邑东。问我心中眷恋谁？她是俊俏庸美人。约我等待桑林中，邀我欢会在上宫，送我告别淇水滨。

●解读

被爱情击中的年轻人啊，他的心里有燃烧的狂野和激情，仿佛野火蔓延了辽阔的大地。

他采女萝的时候，想起那场依然震荡着他的郊野的盛大欢会。美丽动人、娇艳无比的少女们，花朵一样在他面前怒放。他的视线追寻着她们，他恨不能变成一只蝴蝶，从这一朵花飞到下一朵花。每一朵他都喜欢，每一朵他都留恋，他要采集她们的蜜汁，滋养蓬勃的生命。

他采麦穗的时候，又想起她们。不管她们姓姜、姓弋还是姓庸，他都爱她们热烈的青春。他与她们在草木繁茂的野外追逐、嬉戏、起舞、高歌、欢会。那茂密的桑树林中，处处留下他与她们的足迹；那奔流不息的淇水河畔，也留下他与她们挥手告别的无限哀愁。

他采蔓菁的时候，也想起她们。他内心的万般柔情啊，该向谁倾诉？哪个少女能够懂得他此刻沸腾的思念，他真想再次回到卫国的沬邑郊野，与盛放的花朵们翩翩起舞。他爱她们，就像爱这喷薄而出的青春。没有什么比爱情更为美好，就像大地上的植物，它们将爱的种子在秋天播撒，于是年复一年，大地散发永恒的生机。

Grief of a Deserted Wife
Songs of Wang

Amid the vale grow mother-worts,
They are withered and dry.
There's a woman her lord deserts,
O hear her sigh!
O hear her sigh!
Her lord's a faithless guy.

Amid the vale grow mother-worts,
They are scorched and dry.
There's a woman her lord deserts.
O hear her cry!
O hear her cry!
She has met a bad guy.

Amid the vale grow mother-worts,
They are now drowned and wet.
There's a woman her lord deserts.
See her tears jet!
See her tears jet!
It's too late to regret.

王风·中谷有蓷

中谷有蓷，暵其乾矣。有女仳离，嘅其叹矣。

嘅其叹矣，遇人之艰难矣！

中谷有蓷，暵其脩矣。有女仳离，条其歗矣。

条其歗矣，遇人之不淑矣！

中谷有蓷，暵其湿矣。有女仳离，啜其泣矣。

啜其泣矣，何嗟及矣！

知识小贴士

　　这是一首弃妇自哀自悼的怨歌，反映的是东周时期底层女性的生活状况，作者佚名。从此诗可以看出，男权主义是当时东周社会伦理观念的主流；也可看出，女性对薄情男性的控诉及对命运不公的反抗，古已有之。

　　全诗三章，反复吟咏，突出女子遇人不淑最终悲伤愤怒的主题。每章皆以植物"蓷"来起兴。"蓷"是《神农本草经》中列为药之上品的益母草，此药可治疗妇科病，有益产子，又有美容功效，故益母草会让人思及女性的婚恋与生育、家庭与夫妻关系。而将一株山野中干枯的草药，与无药可以医治的破败婚姻联系，被弃女性的悲惨命运与悲愤呐喊，让读者泪目。因此，起首"中谷有蓷"一句，在全诗中起着隐喻、感情引导和启发联想的重要作用。每章最后一句，则是女性对婚姻顿悟的哀叹。被薄情丈夫抛弃，女子没有一味怨天尤人，而是用"遇人之艰难""遇人之不淑"和"何嗟及矣"的清醒认知，给予更多女性以提醒和劝告，也折射出女子坚强的品格，和对命运不公的勇敢反抗。

●译文

益母草生山谷中，天旱无雨将枯萎。有个女子被抛弃，心中哀叹又愁苦。心中哀叹又愁苦，嫁人不淑备煎熬。

益母草生山谷中，天旱无雨将焦枯。有个女子被抛弃，抚胸叹息又长啸。抚胸叹息又长啸，嫁人不淑多哀痛。

益母草生山谷中，天旱无雨将枯槁。有个女子被抛弃，抽泣痛哭泪不干。抽泣痛哭泪不干，悔恨莫及空长叹。

●解读

山谷之中茂密丛生的益母草啊，昔日它可以医治女子疾病，而今却因没有丰沛雨水的浇灌，即将枯萎。被丈夫抛弃的女子啊，她内心的痛苦，与即将死去的益母草何异？那个薄情的男人，他曾经爱她如大地甘霖，他曾经发下誓言要一生相爱，他曾经许诺要生死相守，不弃不离。可是他却中途反悔，无情地将她抛弃。她的心田犹如干旱的大地，裂开无法弥补的沟壑。

益母草可以治愈生育中受苦的女子，却没有任何草药能够医治她伤痕累累的心。

命运啊，请你睁开双眼，看一看这个悲痛万分、仰天悲泣的女子，她江河般喷涌不息的眼泪，她震动天地的悲号与控诉，都是对曾经轻信男人诺言的悔恨。山谷中的益母草快要焦枯，被弃女子的心啊，也即将死去，徒留半生的悔恨，对空长叹！

In Garrison
Songs of Wang

Slowly the water flows,
Firewood can't be carried away.
You're afraid of your foes,
Why don't you in garrison stay?
How much for home I yearn!
O when may I return?

Slowly the water flows,
No thorn can be carried away.
You're afraid of your foes,
Why don't you in army camps stay?
How much for home I yearn!
O when may I return?

Slowly the water flows,
Rushes can't be carried away.
You're afraid of your foes,
Why don't you in army tents stay?
How much for home I yearn?
O when may I return?

王风·扬之水

扬之水，不流束薪。

彼其之子，不与我戍申。

怀哉怀哉，曷月予还归哉？

扬之水，不流束楚。

彼其之子，不与我戍甫。

怀哉怀哉，曷月予还归哉？

扬之水，不流束蒲。

彼其之子，不与我戍许。

怀哉怀哉，曷月予还归哉？

知识小贴士

这是一首戍边战士思念家中妻子的诗歌。

《毛诗序》认为："《扬之水》，刺平王也。不抚其民而远屯戍于母家，周人怨思焉。"周平王为母亲故国安全，从周朝抽调部分军队屯垦驻守，防止楚国侵扰。周朝士兵远离故土，守卫并非自己诸侯国的土地，心中不满，又因思念家人，无限凄苦，故成此诗。但任何战乱动荡的年代，个体生命都显得极其渺小脆弱，人间亲情更趋珍贵。故此诗虽饱含对战争的谴责控诉，却依然可以看到真诚质朴的思怀之心。

全诗三章，每句仅几字差异，反复咏叹，突出远戍战士思家情怀。每章头两句"扬之水，不流束薪（楚、蒲）"，用流动的河水与不动的柴草对比，让读者形成鲜明的视觉反差：河水哗哗流淌，仿佛岁月一去不返；一捆捆柴草又大又沉，河水冲刷不动，仿佛战士沉重心绪，又似等待家中的妻子，翘首期盼，却永远无法前来相见。这种强烈的思念，随着时光的流逝，终于让一个有血有肉的男人，在荒凉的大地上发出孤独哀伤的呐喊："怀哉怀哉？曷月予还归哉？"短短三章，语言质朴，接近口语，却将夫妻之情、故园之思、远戍之苦、不平之鸣，全部融入最后对苍天的叩问之中，并持久震撼着读者的心灵。

● 译文

缓缓流动的水啊，冲不走成捆的柴薪。远方的那个人啊，她不能和我戍守申国。想念你啊想念你，何时我才能回归故里与你相见？

缓缓流动的水啊，冲不走成捆的荆条。远方的那个人啊，她不能和我戍守甫国。想念你啊想念你，何时我才能回归故里与你相见？

缓缓流动的水啊，冲不走成捆的蒲柳。远方的那个人啊，她不能和我戍守许国。想念你啊想念你，何时我才能回归故里与你相见？

● 解读

缓缓流淌的河水啊，你将去往何方？是否会路过我的故乡，溅起朵朵浪花，让日日思念我的爱人，嗅到遥远边地的气息？不息的河流啊，你带不走成捆的柴薪，却年年将我荒芜的生命带走。

远方的爱人啊，我多么希望你能逆流而上，来到我的身边，陪我一起戍守边地，每个一成不变的黄昏，都将因为你的到来，而瞬间光芒闪烁。可你却像沉重的蒲柳，永远不能跟随一条河流，抵达这片人烟稀少的大地。

无情的流水啊，它带走人间的悲欢，却不能将我带回眷恋的故乡。就在那里，我思念的爱人，她日日期盼我的到来，早已熬白了青丝。

可是谁能够告诉我，备受煎熬的人，他何时才能回归故土，见到日思夜想的爱人？

既见君子，
云胡不喜

To Her Lover
Songs of Wang

Hemp on the mound I see.
Who's there detaining thee?
Who's there detaining thee?
From coming jauntily to me?

Wheat on the mound I'm thinking of.
Who detains thee above?
Who detains thee above,
From coming with me to make love?

On the mound stands plum tree
Who's there detaining thee?
Who's there detaining thee,
From giving girdle gems to me?

王风·丘中有麻

丘中有麻，彼留子嗟。彼留子嗟，将其来施施。

丘中有麦，彼留子国。彼留子国，将其来食。

丘中有李，彼留之子。彼留之子，贻我佩玖。

知识小贴士

　　宋代理学家朱熹在《诗集传》中说，此诗是"女子盼望与所私者相会"的情诗。闻一多在《风诗类钞》中，从民俗学角度解释"贻我佩玖"说："合欢以后，男赠女以佩玉，反映了这一诗歌的原始性。"就像对歌择偶、赛马择偶等少数民族的婚配形式一样，此诗为原始择偶婚配形式的反映。

　　此诗是以一个姑娘的口吻写出的情诗，作者佚名。诗中提到的麻地、麦田、李子林三个地方，恰恰是姑娘与情郎激情幽会的地点。那一蓬蓬高高飘摇的大麻，那一片片起伏翻滚的麦浪，那一棵棵枝叶茂密的李子树，都是姑娘与情郎爱欲勃发所关涉的事物。当她回忆起那一次次激情四溢的相见，所有爱的闪亮瞬间，都与这些曾经给她无限欢愉的地点与事物，产生了奇妙的关联。那爱如此热烈，那样真实，火焰一样熊熊燃烧，佩玉一样莹润光洁，持久坚固。

　　诗歌满溢着热恋中青年男女的柔情蜜意，并将与情郎幽会的地点，一一大胆唱出。既可以看出姑娘的纯朴天真，又可见恋人间的炽热深情。敢于爱，敢于歌唱爱，这在两千多年前的诗经时代，如此可敬可赞。

●译文

山丘上的那片麻地，那里留有情郎与我相会时的缠绵爱意。那里留有情郎的缠绵爱意啊，盼望再次见到他。

山丘上的那片麦田，那里留有情郎与我相会时的柔情蜜意。那里留有情郎的柔情蜜意啊，盼望再次与他郊野欢爱。

山丘上的那片李子林，那里留有情郎与我相会时的深情缱绻。那里留有情郎的深情缱绻啊，他赠送的佩玉莹润光洁。

●解读

当一个姑娘爱上了一个少年郎，她可以将整个世界抛弃，与他私奔到任何能够短暂存留这份炽热爱情的地方。他们在山丘上的麻地里亲密依偎，倾诉彼此浓郁的思念。他们在山丘上翻滚的麦浪里亲吻，忘却人间无数忧愁。他们在茂密的李子林里欢爱，阳光透过树隙照在光洁的身体上。这一刻，整个世界都为爱情停止了呼吸。

　　身体在热烈的欢爱中发出快乐的叫喊，这叫喊冲破云霄，唤醒了一只鸟雀的春天。世间每一粒细微的尘埃，都因这份洪水般袭来的爱情，光芒闪烁，意义非凡。

Lost Opportunity
Songs of Zheng

You looked plump and plain
And waited for me in the lane.
Why did I not go with you?
I complain.

You looked strong and tall
And waited for me in the hall.
I regret I did not return your call.

Over my broidered skirt
I put on simple shirt.
O Sir, to you I say:
Come in your cab and let us drive away!

I put on simple shirt
Over my broidered skirt.
O Sir, I say anew:
Come in your cab and take me home with you!

郑风·丰

子之丰兮，俟我乎巷兮，悔予不送兮。

子之昌兮，俟我乎堂兮，悔予不将兮。

衣锦褧衣，裳锦褧裳。叔兮伯兮，驾予与行。

裳锦褧裳，衣锦褧衣。叔兮伯兮，驾予与归。

知识小贴士

　　此诗是先秦时代郑地汉族民歌，作者佚名，记录了一位女子因父母阻挠，未能与未婚夫结婚，为心生出悔意，并迫切希望男方家可以来人，驾车接她同去，以便和心爱的人尽快成婚。

　　诗中深切表达悔意的主人公，是一个柔弱的女子，她没有对抗父母的能力，她的命运是不幸的，她可能永远不能与心爱的恋人结为伴侣。可是，她却发出深沉的呼唤和呐喊，希望那个消失的人会再次返回，并派出家中车马和叔伯，以私奔般的不管不顾，接她前去拜堂成亲，至于父母的阻碍、家人的冷漠，此刻都不再重要，她只奔放地在想象中祛除障碍，完成与恋人的完美结合。这样勇敢的想象，同样值得读者给予尊重。因为，我们穿越千百年的时空隧道，看到了一个活生生的女子的内心世界。她如此动人，散发着生命的光芒。

　　诗歌前两章抒发了女子未能与爱人结合的悔恨之情，这悔恨如此真切，仿佛能听到她的声声叹息。后两章写了她对与爱人结合的迫切与向往，这迫切如此强烈，仿佛能听到她的呼喊。我们恰恰从这样的悔恨和迫切中，看到女子不能自主决定爱情的命运悲剧，并为之动容。

●译文

难忘你器宇轩昂好容颜，曾在巷中久等待，后悔没跟你同行。

难忘你魁梧挺拔好身材，曾在堂上久等待，后悔没与你相随。

锦绣嫁衣里面穿，华美薄衫外面罩。叔呀伯呀快快来，驾车接我同回还。

华美薄衫外面披，锦绣嫁衣里面穿，叔呀伯呀快快来，驾车接我同归去。

●解读

心爱的恋人啊，我该怎样告诉你，此刻我内心满满的悔意？当你来接我成亲，我的父母却反对这桩婚事。当你还走在深幽的小巷里，我就已听到你心跳一样的脚步声。我恨不能飞出去将你拥抱，我恨不能冲出去踏上你的车马，飞奔至你的家中与你成亲。可我却隔着一堵墙，听到父母冷漠地拒绝，还有你恳求之后的沉默。人们啊，为什么要给爱情加上沉重的砝码，仿佛两个相爱的人，他们的生命被所有无关紧要的人占有，唯独不属于他们自己。

而今，一切都已结束，我只剩下对你的追忆。可是即便如此，我依然在日夜将你思念，这思念如此强烈，以至于它占据了我全部的身心。我多么希望自己能穿上华衣锦服，成为你的新娘。我多么希望你能与你的叔伯再次驾车前来，我不要你走进堂中，忍受父母的冷眼，我会飞出去与你私奔到家，立刻拜堂成亲，这样，没人能够将你我阻拦，我们将生生世世，相爱相守。

可是心爱的人啊，你如何才能听到我内心激荡的悔意与无尽的渴望？

既见君子，
云胡不喜

Riverside Rendezvous
Songs of Zheng

The Rivers Zhen and Wei
Overflow on their way.
The lovely lad and lass
Hold in hand fragrant grass.
"Let's look around," says she;
"I've already," says he.

"Let us go there again!
Beyond the River Wei
The ground is large and people gay."
Playing together then,
They have a happy hour;
Each gives the other peony flower.

The Rivers Zhen and Wei
Flow crystal-clear;
Lad and lass squeeze their way
Through the crowd full of cheer.
"Let's look around ," says she;
"I've already," says he.
"Let us go there again!
Beyond the River Wei
The ground is large and people gay."
Playing together then,
They have a happy hour;
Each gives the other peony flower.

郑风·溱洧

溱与洧，方涣涣兮。士与女，方秉蕑兮。女曰观乎？士曰既且，且往观乎！洧之外，洵訏且乐。维士与女，伊其相谑，赠之以芍药。

溱与洧，浏其清矣。士与女，殷其盈矣。女曰观乎？士曰既且，且往观乎！洧之外，洵訏且乐。维士与女，伊其将谑，赠之以芍药。

知识小贴士

此诗描写了郑国三月上巳节，恋爱中的青年男女，在溱水洧水岸边游春的热闹场景，作者佚名。诗歌节奏欢快明朗，语句清新浪漫，句式回环往复，犹如深情歌咏。

薛汉《韩诗薛君章句》云："郑国之俗，三月上巳之日，此两水（溱水、洧水）之上，招魂续魄，拂除不祥。"就在这样祈求幸福的节日里，一对恋爱中的青年男女也来到这里，并在嬉戏中互相倾诉内心的爱意。故此诗既是对春天的讴歌，也是对纯真爱情的赞美。

春天之美，美在清澈的河流，美在万物复苏，生命跃动，更美在"蕑（兰）"与"芍药"这两朵花的俏丽出现。正是这两朵爱情一样芬芳的花朵，将诗歌完成了从风俗节日到纯美爱情、从全景镜头到特写镜头的转换，并瞬间升华了主题。而戏谑嬉戏的青年男女，女人的俏皮，男子的宠爱，也在"女曰观乎？士曰既且，且往观乎！"一问一答中跳脱而出。

清代姚际恒在《诗经通论》中点评说："诗中叙问答，甚奇。"就是这样青年男女间没有言说一个"爱"字的日常问答，让我们看到，恰恰是在这样一个春风骀荡的郊野，游人如织，熙来攘往，有人们对盛大春天的欢呼，更有鲜活的生命蓬勃绽放，这生命里饱含着激情，也闪烁着爱情的光华。

●译文

溱水洧水长又长，碧波荡漾向远方。小伙姑娘城
外游，手拿兰草求吉祥。姑娘说去看一看？小伙说我
已看过，再去一看也无妨！洧水对岸真宽阔，人来人
往好热闹。小伙姑娘结伴逛，尽情戏谑喜洋洋，赠送
辛夷毋相忘。

溱水洧水长又长，春水浩荡真清亮。小伙姑娘城
外游，游人如织声喧哗。姑娘说去瞧一瞧？小伙说我
已瞧过，再去一瞧又何妨！洧水对岸真开阔，熙来攘
往乐开怀。小伙姑娘结伴游，尽情嬉笑喜洋洋，赠送
辛夷情谊长。

●解读

有谁在春天里不沉迷爱情？有谁在郊野里不醉心
花草？那花草不再是花草，它们是英俊挺拔的男子，
它们是俏皮骄蛮的女子。看这春光明媚，万物生机，
暖风微醺，只想与心爱的人啊，牵起手来，游走热闹
河边。

河水长长，游人如织，可他的眼里只有她。她说

我们去河那边看一看吧，他说我已看过，跟随心爱的你再去看上一看，那又何妨？只要有你相伴左右，重复的风景里也有夺目的光华。一路嬉笑追逐，玩乐打闹，我赠你兰草，你送我辛夷。你帮我插在耳鬓，我帮你别在发梢。左看右看，这世间唯你最美。

需要指出的是：芍药，又名辛夷，这里指的是草芍药，不是花如牡丹的木芍药，又名"江蓠"，古时候情人在"将离"时互赠此草，寄托即将离别的情怀。

The Bridegroom
Songs of Qi

He waits for me between the door and screen,
His crown adorned with ribbons green
Ended with gems of beautiful sheen.

He waits for me in the court with delight,
His crown adorned with ribbons white
Ended with gems and rubies bright.

He waits for me in inner hall,
His crown adorned with yellow ribbons all
Ended with gems like golden ball.

齐风·著

侯我于著乎而，充耳以素乎而，尚之以琼华
乎而。

侯我于庭乎而，充耳以青乎而，尚之以琼莹
乎而。

侯我于堂乎而，充耳以黄乎而，尚之以琼英
乎而。

知识小贴士

　　这是一首写男女新婚时新郎迎亲的诗，作者佚名。清代牛运震《诗志》曰："别调隽体。通篇借新妇语气，奇妙。"全诗以新娘视角，将女子出嫁时偷看新郎的微妙内心，反复歌咏，并将华夏古老的结婚仪式，写得趣味横生。诗歌色彩明艳，层次分明，戏谑浪漫，气息浓郁。

　　明代戴君恩《读风臆评》曰："句法奇怪。"吴闿生也在《诗义会通》中引旧评，称其"句法奇峭"。全诗九句，全不用主语，而且突如其来。这一独特句法，将新娘在新郎进门迎亲时的内心活动，恰巧又传神地表达出来。她如此羞涩，连一个"他"字也羞于说出。但"侯我"二字，又可窥出新娘对新郎的绵绵爱意，和她此刻心中满溢的幸福。她却不敢抬头正眼看他，只是低头用眼角瞟了一下，全然没有看清他的脸庞，只看到他帽檐上垂下的彩色的"充耳"和发光的美玉。这两句极为普通的叙述，在迎亲这一特殊的时刻和情境中，妙趣横生，余味无穷，给读者以丰富的联想和审美愉悦。

诗中"乎而"二字尤为奇妙，有后世民歌中"呼儿嗨哟"之类衬词的作用，读来余音袅袅，又别具韵味。全诗每章只在三处换了三字，可以看出新娘出嫁时的喜悦，和对新郎的满意与赞许。

●译文

情郎等我屏风前哟，洁白丝带垂耳边哟，加上美玉多明艳哟。

情郎等我庭院里哟，青色丝带垂耳边哟，加上美玉多华丽哟。

情郎等我厅堂上哟，明黄丝带垂耳边哟，加上美玉多绚烂哟。

●解读

我已随着迎亲的车辆，抵达你的家门，心爱的人啊，你就在堂前迎接我的到来。我真想看一眼即将伴我终生的你啊，有着怎样英俊的容颜。可我内心羞怯，人潮涌动中，不敢抬头正眼看你，只匆匆一瞥，看到你帽檐上垂下的明亮丝带，和晃动的灿烂美玉。

　　所有人都在期待我的到来，欢呼雀跃着要一睹我
的风采。可是谁能知晓此刻我的秘密，却只想与心爱
的那个人啊，深情对视一眼！我的心中满溢着甜蜜柔
情，仿佛我爱的那个人啊，他是一粒蜜糖，在我心中
无限甜美，慢慢消融。

Nocturnal Tryst
Songs of Qi

The eastern sun is red,
The maiden like a bloom
Follows me to my room.
The maiden in my room
Follows me to the bed.

The eastern moon is bright,
The maiden I adore
Follows me out of door.
The maiden out of door
Leaves me and goes out of sight.

齐风·东方之日

东方之日兮，彼姝者子，在我室兮。在我室兮，
履我即兮。

东方之月兮，彼姝者子，在我闼兮。在我闼兮，
履我发兮。

知识小贴士

　　这是一首关于男子回忆与女子幽会的情诗，作者佚名。另有人认
为这是一首婚礼之歌，以新郎口吻诉说，也有人认为这是女子主动追
求男子的诗。但研究者大都承认，这是一首关于男女爱情的诗。此诗
音节舒缓绵延，流连咏叹，格调粗犷奔放，语气欢快大胆，幸福之情，
溢于言表。

　　诗中男子有感于自然中的日月之美，沉浸在与恋人相会的甜蜜回
忆之中，并激起爱的狂潮，脱口而出相见时的隐私，不仅道出恋人跟
随他走入自己卧室，还描述了更为亲昵的情景，也即"履我即兮"和"履
我发兮"。我们从这样亲密的细节中，可见男子的幸福，并能够触摸
到那颗被爱情撩拨并燃烧着的激烈跳荡的心。正因这样热烈的情绪感
染，十句诗中才有六句中有"我"字，心中炽热，雀跃而出。

诗中以"东方之日"和"东方之月"比喻女子美貌，对后世诗文创作有深远影响。比如宋玉在《神女赋》中形容神女之美："其始来也，耀乎若白日初出照屋梁；其少进也，皎若明月舒其光。"

●译文

太阳升起在东方，有位姑娘真漂亮，走进我的家中来。走进我的家中来，踩在我的膝头上。

月亮升起在东方，有位姑娘真娇艳，走进我的房间来。走进我的房间来，踩在我的脚上。

●解读

天上有耀眼的太阳，地下有娇艳的美人。太阳照我堂屋明亮，美人走进家门与我欢爱。她那骄阳般炽热的爱恋，让我激情荡漾，身心燃烧。她坐在我的膝头，与我含情脉脉，万千柔情，将我环绕。

夜晚有皎洁的月亮，房内有明媚的美人。月光温柔罩在我的床前，美人与我缠绵悱恻。她轻言细语与我互诉深情，她一颦一笑，让我深深沦陷。

美人美人，日日夜夜，我都在将她思念。清晨我推窗看到太阳，想起她的欢声笑语，萦绕我的庭院；夜晚我关窗看到月亮，想起她的明眸皓齿，照亮朦胧床榻。

愿她与我的爱情啊，同日月一样永恒。愿这不息的情爱啊，永存我的心中。

Missing Her Son
Songs of Qi

Don't till too large a ground,
Or weed will spread around.
Don't miss one far away,
Or you'll grieve night and day.

Don't till too large a ground,
Or weed overgrows around.
Don't miss the far-off one,
Or your grief won't be done.

My son was young and fair
With his two tufts of hair.
Not seen for a short time,
He's grown up to his prime.

齐风·甫田

无田甫田，维莠骄骄。无思远人，劳心忉忉。

无田甫田，维莠桀桀。无思远人，劳心怛怛。

婉兮娈兮，总角丱兮。未几见兮，突而弁兮！

知识小贴士

　　此诗是一首妻子对远方丈夫表达思念的诗，作者佚名。历代学者对这首诗主旨看法分歧较大，故有诸如初耕种时的祷神歌、劝慰离人不须徒劳多思的诗、妇人思念征夫之词、少女恋慕少男的诗等多种说法。但从诗的文本来看，更多的是表达一个妻子在艰辛劳作中，对远方丈夫的怨念和思念，以及对丈夫早日平安归来的渴望，和对孩子快快长大的期盼。

　　全诗三章，每章四句。头两章写实，采用重章叠句形式，直赋其事；第三章由实转虚，女子在对现实的抱怨中出现幻觉，仿佛丈夫突然归来，惊喜地看到孩子已长大成人。此诗的含蓄之美，也尽在这一虚境之中。

　　诗中女子因为丈夫去了远方，迟迟不归，导致家中没有劳力，土地耕种粗放，原本庄稼茂盛的田地，而今长满荒草，见不到一株禾苗。女子面对如此荒芜的田地，忧心忡忡，不觉对丈夫生出怨念，说出"无思远人，劳心忉忉（怛怛）"的气话。但这不过是女子因过分思念丈夫表达的反语，怨恨中实际深藏着刻骨的相思，因此最后一章才会由实转虚，忽生幻觉，仿佛丈夫归来，见到离家时尚扎着羊角辫的小儿已长大成人，忍不住心生惊喜："婉兮娈兮，总角丱兮。未几见兮，突而弁兮！"只此一句，便将一个女子内心对于丈夫的热烈思念和万般柔情，淋漓尽致凸显出来。

●译文

大田宽广不可耕，荒草丛生长势旺。切莫思念远行人，白白劳心又费力。

大田宽广不可耕，杂草蔓延苗不生。切莫思念远行人，劳心费力又不安。

咱家小儿惹人怜，羊角小辫直冲天。几年已过似转瞬，忽戴冠帽已成年。

●解读

远方的那个人啊，你究竟何时才能归来，一起帮我将田地耕种？你看别人家田里禾苗旺盛，眼看着秋天又是一个好收成，咱家好大一块田，却因你一去不归还，无人耕种几乎荒废掉。我一个女子又养娃来又耕田，忙里忙外无休止。多么希望你归来，你若不归就不归，谁费心思去想你，就让田里长满草，就让心里没有你。

忽然眼前一恍惚，仿佛你已到跟前，牵着我的手儿回家去，见到咱家小儿娃，立刻惊喜向我呼："哎呀哎呀，仿佛昨日小儿还扎羊角辫，几年未见，转眼他却已成人！"

　　远方的人啊你快来，跟我一起将田耕，跟我一起将草拔，跟我一起把娃养，跟我一起恩爱过。

A Scholar Unknown
Songs of Wei

By riverside, alas!
A scholar gathers grass.
He gathers grass at leisure,
Careful beyond measure,
Beyond measure his grace,
Why not in a high place?

By riverside picks he
The leaves of mulberry.
Amid the leaves he towers
As brilliant as flowers.
Such brilliancy and beauty,
Why not on official duty?

By riverside he trips
To gather the ox-tips.
His virtue not displayed
Like deeply buried jade.
His virtue once appears,
He would surpass his peers.

魏风·汾沮洳

彼汾沮洳，言采其莫。彼其之子，美无度。
美无度，殊异乎公路。

彼汾一方，言采其桑。彼其之子，美如英。
美如英，殊异乎公行。

彼汾一曲，言采其藚。彼其之子，美如玉。
美如玉，殊异乎公族。

知识小贴士

这是一首女子思慕男子的诗，作者佚名。

全诗三章，采用《诗经》中常见的重章叠句、反复吟咏的艺术形式，三章字句变化不多，诗意却层层递进。诗中痴情女子，不管在"沮洳""一方""一曲"哪个地方，不管手中忙着采莫、采桑还是采藚，她的心中都时刻思念着心爱的恋人，足可见她对他一往情深，爱之深切。他在她的心里，容貌"美无度"，仪表"美如英"，人品"美如玉"，风度翩翩，无人能比。而他的身份地位，则连那些"公路""公行""公族"等达官贵人，都不能相提并论。全诗结束，我们见不到女子所思恋人的正面描写，却通过层层递增的对比和烘托，让这位没有露面的男子，栩栩如生，如在眼前。

诗中所用的对比、烘托来侧面描写塑造人物形象的方式，在古代民间文学作品中也不乏其例。汉乐府名篇《陌上桑》中，采桑女子赞美"夫婿殊"的一段话，在艺术表现手法上，与此诗就有因袭承继关系。

●译文

在那汾水湿地上，采摘莫菜心欢喜。瞧我那位意中人，英俊潇洒美无敌。英俊潇洒美无敌，公路哪能比得上。

在那汾水河流旁，采摘桑叶心欢畅。瞧我那位意中人，美若鲜花正开放。美若鲜花正开放，公行哪能比得上。

在那汾水河湾处，采摘泽泻心欢快。瞧我那位意中人，仪表堂堂美如玉。仪表堂堂美如玉，公族哪能比得上。

●解读

我走到汾水湿地上，采摘莫菜心欢喜。你若问我为何生欢喜，全因心里藏着美郎君。我的那位意中人，天下谁也不能跟他比。他风度翩翩，仪表堂堂，英俊潇洒，美若碧玉，哪个达官贵人走到他的身边，都将黯然失色，心生羞愧。

在那长长的汾水边，我去完了湿地去河边，去完了河边到河湾。我摘完了莫菜摘桑叶，摘完了桑叶采泽泻。不管我在哪儿，不管我在做什么，我的心里满满都是美郎君。他像空气将我包围，他像大地将我包裹，让我做起事来心轻快，不知不觉日光暗。

心爱的人啊你在哪儿，可知我思念深沉爱无边？

An Axe–Handle
Songs of Bin

Do you know how to make
An axe-handle? With an axe keen
Do you know how to take
A wife? Just ask a go-between.

When a handle is hewed,
The pattern should not be far.
When a maiden is wooed,
See how many betrothal gifts there are.

豳风·伐柯

伐柯如何？匪斧不克。取妻如何？匪媒不得。

伐柯伐柯，其则不远。我觏之子，笾豆有践。

知识小贴士

　　这是一首新婚宴尔的男子描述他婚姻美满的诗歌，作者佚名。意在通过斧与柄要匹配的比喻，让世人知晓，男女双方的结合，要有媒人从中撮合，要遵循社会法则，婚姻才能成功美满。此诗主旨单纯明朗，语言朴素自然。在一问一答的陈述中，歌者对婚姻喜形于色的情态，也跃然纸上。

　　先秦时代是中国传统婚姻文化的形成时期。父母之命与媒妁之言开始借助权力途径，进入普通百姓生活，并形成定式，影响着后人的婚姻生活。聘娶婚作为一种被社会普遍接受的婚姻制度，逐渐占据了社会婚姻的主导地位。聘娶婚有三个要素，一是媒妁之言，二是父母之命，三是纳币。这是当时社会婚姻活动普遍遵循的准则。通过媒妁的沟通获得父母同意后，才能形成双方的婚约。这是此诗所产生的社会时代背景。

　　诗中以谐音示意，"斧"字谐"夫"字，柄把配斧头，喻妻子配丈夫。诗中所说"匪媒不得"与"笾豆有践"，也具体写出了古时娶妻的过程。也即媒人牵线搭桥，双方同意，办隆重迎亲仪式，妻子过门。这是古代中国喜庆的婚俗场景，也可看出诗中男子对婚姻大事的重视。

　　诗中所用"伐柯"的比喻，朴素明朗，浅显易懂，后世遂以"伐柯""伐柯人"喻媒人，称替人做媒为"作伐""伐柯"或"执柯"。

●译文

　　如何砍伐斧子柄？没有斧子可不成。如何迎娶那妻子？没有媒人可不成。

　　砍斧柄啊砍斧柄，规则人人都要懂。要想见那姑娘面，摆好食具设酒宴。

●解读

　　你可知道如何去林中砍伐一个长短粗细与斧子正好搭配的斧子柄？就让我来告诉你，没有一把锋利的斧子可不成。你可知道如何迎娶一位与你一生互敬互爱的好妻子？就让我来告诉你，没有眼光精准的媒人可不成。

　　你若想要砍下一个结实有力的斧子柄啊，就要懂得柄与斧的大小与尺寸，就要遵循世间万物都得和谐

匹配的严肃法则。要想见那跟我天生一对的好姑娘啊，
不摆好精美食具，设下丰盛酒宴，那可不成。

　　正因媒人帮我挑了一个勤劳的好姑娘啊，而今我
才能有这份幸福好姻缘。所以世间男女啊，你若想要
和谐长久好婚姻，一个斧子一个柄，一定记得这规则。

On the Way to the Bride's House

Having prepared my creaking cart,
I go to fetch my bride.
Nor hungry nor thirsty at heart,
I'll take her as good guide.
Nor good friends come nor priest,
We'll rejoice in our feast.

In the plain there's dense wood
And pheasants with long tail.
 I love my young bride good;
She'll help me without fail.

I'll praise her when we feast,
Never tired in the least.

Though we have no good wine,
We'll drink, avoiding waste.
Though our viands are not fine,
We may give them a taste.
 Though no good to you can I bring,
Still we may dance and sing.

I climb the mountain green
To split oak for firewood.
Amid leaves lush and green
I split oak for firewood.

Seeing my matchless bride,
I will be satisfied.

You're good like mountains high,
Like the road you go long.
My four steeds run and hie;
Six reins like lute-strings weave a song.
When I'm wed to my bride,
How my heart will be satisfied!

小雅·车舝

间关车之舝兮，思娈季女逝兮。匪饥匪渴，
德音来括。虽无好友？式燕且喜。

依彼平林，有集维鷮。辰彼硕女，令德来教。
式燕且誉，好尔无射。

虽无旨酒？式饮庶几。虽无嘉肴？式食庶几。
虽无德与女？式歌且舞？

陟彼高冈，析其柞薪。析其柞薪，其叶湑兮。
鲜我觏尔，我心写兮。

高山仰止，景行行止。四牡骈骈，六辔如琴。
觏尔新昏，以慰我心。

知识小贴士

　　这是一首以男子的口吻来写新婚之喜的诗，是对新婚的歌咏和美好爱情的颂歌，作者佚名。虽然存在这是新郎自道还是朋友贺诗的争议，但研究者无不承认这是一首优秀的抒情诗。清代牛运震在《诗志》中评价此诗："委婉浓致，此即慰劝新妇之词也。宛然持箸把杯光景，绸缪曲至。"

　　全诗五章，皆以男子口吻，写迎亲途中的喜乐，及对新娘的眷恋。这首诗在艺术上的主要特色，是选取了迎亲途中这一独特的场景，通过丰富的想象，移步换景，层层递进，展示主人公内心的喜悦和思慕。

　　诗中主人公从安装车辖前去迎亲开始，就开启了"式燕且喜"的想象。前往新娘家的路上，随着两边风景的变换，男子浮想联翩，内心欣悦。丛林中的锦鸡，山冈上的柞树，眼前的巍峨高山和平坦大道，驰骋的骏马，甚至手中的缰绳，都激发着男子绵延的情思，并与他对新娘的思慕交织在一起，绘成一幅绚烂多彩的关于迎亲的"清明上河图"。诗歌在丰沛的想象中，交替运用比兴、象征、独白、烘托、描绘等手法，更加深了全诗的意蕴和情趣。

●译文

　　车轮转动车辖响，娇艳少女要出嫁。不因饥来不因渴，有德美人结良缘。虽然好友没几人，宴饮相庆也快乐。

　　平地丛林多茂密，长尾锦鸡树上栖。漂亮女子健又美，德行良好有教养。宴饮相庆真开怀，情深意长永不厌。

　　虽然没有那美酒，仍愿你能开心饮。虽然没有那佳肴，仍愿你能吃得饱。虽然美德难配你，且来欢歌且来舞。

　　登上高高那山冈，砍下柞枝当柴烧。砍下柞枝当柴烧，柞叶茂盛满树梢。今天接你多美好，了却相思乐陶陶。

　　巍峨高山要仰视，平坦大道纵驰骋。四匹骏马跑不停，六条缰绳谐如琴。今遇新婚好娘子，满怀欣慰称美事。

●解读

我正在驾车前往迎接娇羞新娘的路上，我那美玉
一样纯洁无瑕的新娘啊，她正翘首期盼着我的到来。
虽然没有多少朋友陪伴，但欢乐的盛宴啊马上开启。

看那广阔大地上茂密的丛林，处处闪烁着勃勃生
机，阳光洒满鲜嫩的树叶，每一片都是我那妩媚的新
娘在热烈呼唤。丛林中长尾的锦鸡正雀跃欢叫，仿佛
在为我的喜事歌唱。我那娇美新娘不仅美若星辰，她
还品性高洁，是世间难得的佳偶。盛大的酒宴上觥筹
交错，热闹非凡，我和我的新娘情意绵绵，永不生厌。

虽然没有名贵美酒和佳肴，还是希望人们能载歌
载舞，与我共度这美景良辰。虽然我的美德声名配不
上我那美丽的新娘，可我还是内心欢喜，满满都是对
她的爱慕与眷恋。

高高的山岗上处处都是茂盛的柞枝叶，每一根柞
枝当柴烧，都能点燃幸福生活的熊熊火焰，每一片枝
头晃动的新鲜柞叶，都让我念起我那新娘正当青春好
年华。

看那路两边的高山多巍峨，高耸入云，人人仰慕。
看那前方大道多宽阔，笔直通向新娘的家。且让我赶

起骏马快驰骋，用缰绳奏响和谐的新婚曲。亲爱的新娘啊你别急，郎君我马上就抵达，将人生美好姻缘来开启。

The Degraded Queen

White flowered rushes sway
Together with white grass.
My lord sends me away
And leaves me alone, alas!

White clouds with dewdrops spray
Rushes and grass all o'er.
Hard is heavenly way,
My lord loves me no more.

Northward the stream goes by,
Flooding the ricefields there.
With wounded heart I sigh,
Thinking of his mistress fair.

Wood's cut from mulberry tree
To make fire in the stove.
His mistress fair makes me
Lose the heart of my love.

When rings the palace bell,
Its sound is heard without.
When I think of him well,
I hear but angry shout.

The heron may eat fish
While the crane hungry goes.
His mistress has her wish
While I am full of woes.

The lovebirds on the dam
Hide their beaks, neath left wings.
The woe in which I am
Is what my unkind lord brings.

The stone becomes less thick
On which our feet oft tread.
My heart becomes love-sick
For my lord's left my bed.

小雅·白华

白华菅兮，白茅束兮。之子之远，俾我独兮。
英英白云，露彼菅茅。

天步艰难，之子不犹。滮池北流，浸彼稻田。
啸歌伤怀，念彼硕人。

樵彼桑薪，卬烘于煁。维彼硕人，实劳我心。
鼓钟于宫，声闻于外。

念子懆懆，视我迈迈。有鹙在梁，有鹤在林。
维彼硕人，实劳我心。

鸳鸯在梁，戢其左翼。之子无良，二三其德。
有扁斯石，履之卑兮。

之子之远，俾我疧兮。

知识小贴士

此诗是《诗经》中为数颇多的弃妇诗中的一首，作者佚名。从诗中语气来看，被弃女子应是一位贵妇。《毛诗序》谈及此诗创作背景时说："《白华》，周人刺幽后也。幽王娶申女以为后，又得褒姒而黜申后。故下国化之，以妾为妻，以孽代宗，而王弗能治。周人为之作是诗也。"朱熹在《诗序辨说》中云："此事有据，《序》盖得之。"并认为此为申后被褒姒取代后，心生哀怨而所作诗歌。不管此诗源自何处，从《诗经》的众多弃妇诗中都可以看出，无论底层还是上层，婚姻中的女性都处于很不平等的地位，都会有遇人不淑、惨遭遗弃的命运。

全诗有八章，每章四句，前两句使用比兴，后两句直抒胸臆，淋漓尽致地刻画了一位女子失宠被弃之后的哀怨和失落，让纯真良善又直爽深情的女子形象跃然纸上。本诗中间各章语气急促，大有将女子心中苦痛，一口气全部宣泄干净的气势；同时，全诗有缓有急，读后余音绕梁，让人难忘。

诗中用了许多自然中的事物，与狠心抛弃女子的男子做对比。比如象征纯洁和谐爱情的菅草和茅草，滋润菅草和茅草的白云与甘露，灌溉稻田的滮水，相亲相爱的鸳鸯，一正一反的对比，忍不住让人对男子的无情生出痛恨，也使得全诗弥漫着凄婉哀伤的悲剧色调。诗中还用高贵的桑柴不得其用，被扔进灶膛化为灰烬，比喻女子不被男子欣赏。同时用扁石被踩的卑贱地位，来代指被弃女子最终的悲苦命运。

●译文

芬芳菅草开白花，束好白茅送给他。如今他人已远去，使我一人守空房。

天上白云朵朵飘，甘露沾湿菅和茅。怨我命运太艰难，遇他不如云露好。

滮水缓缓向北流，浸润稻田绿油油。长啸高歌心伤痛，想起美人心头忧。

砍下桑枝作柴薪，放入灶膛火焰高。想起那个新美人，痛心疾首心伤透。

宫内敲钟钟声沉，声音必定外面闻。想起你来心不宁，你却见我心不悦。

丑陋秃鹫在鱼梁，高洁白鹤在树林。想起那个新美人，我心实在受煎熬。

相爱鸳鸯在鱼梁，嘴插左翅共栖息。可恨这人没良心，三心二意让人厌。

扁扁平平乘车石，地位低下被人踩。可恨这人远离我，使我痛苦病难除。

●解读

那个无情的男子啊，他有了新欢便弃我而去，将万千的宠爱全给了新鲜的美人，独留我守着空房，苦熬着冷漠的人间岁月。

看那天地间的一切生命，哪一个不比他好，哪一个不比他有情。芬芳的花草开着白色的花朵，看上去如此娇美纯洁。白云与甘露湿润着地上的花草，一条河流缓缓流向北方，浸润着沿途的稻田。他却将高贵的桑树当成柴薪，无情地扔进燃烧的炉膛。这糟糕的故事一定穿过宫墙，传遍人间每一个角落。丑陋的秃鹫站在高高的水坝上，高洁的白鹤却隐在密林中。坝上的鸳鸯相亲相爱，可恨那无情的男子喜新厌旧，将我像卑微的车石践踏在脚下。

想起那新人备受煎熬，想起那男子心生痛恨。可怜我应该如何将痛苦消除，摆脱这人间悲苦的命运？

池上敗荷葉
花初盛
蛙聲何止紅蜻
蜓水皆

秉興潑毫
為菊英題詩到
莫說淵明東籬後
是逃名地不向青門

學乃平
三菴

浙江歌采之木末有芙蓉白合清波
漾還宜蓑竹封干霄枝獨茂發日貌
長濃相對為歌舞祥光現歲重

二知桂

安
宁
解析

许渊冲
译

英译婉丽元曲

汉英对照

许渊冲英译婉丽元曲

花落水流红

闲愁万种

江苏凤凰文艺出版社

Red Peach Blossoms
The Lotus Gatherer

Yang Guo

(I)
The dimming moon o'er mist-veiled town and water looms.
The beauty in orchid boat sings her dream.
I oft remember our meeting on silk-washing stream.
Now severed by three rivers long,
In vain through clouds into the azure sky I gaze.
Smiling, the beauty says,
"Our hearts are like the lotus blooms:
Their root may snap, their fibres join like my song."

(II)
Having gathered the lotus on the lake, she rows
On homeward way, her green skirt ripples when wind blows.
A song of pipa brings down tear on tear;
In vain she waits for her lord to appear.
Now lotus blooms all faded, he is not in sight,
How many lovebirds red and egrets white
She sees in the cool evening sky!
Nowhere but in pairs will they fly.

小桃红·采莲女

杨果

（一）

满城烟水月微茫，人倚兰舟唱。常记相逢若耶上，隔三湘，碧云望断空惆怅。美人笑道：莲花相似，情短藕丝长。

（二）

采莲湖上棹船回，风约湘裙翠。一曲琵琶数行泪，望君归，芙蓉开尽无消息。晚凉多少，红鸳白鹭，何处不双飞。

杨果（1195年—1269年）

　　祈州蒲阴（今河北安国）人。元代早期散曲作家，早期在金朝为官，金朝灭亡后在元朝做官。官至参知政事，为官以干练廉洁著称。散曲多以歌咏自然为题材，语言华美。今存小令11首，套曲5首，著有《西庵集》。明朱权《太和正音谱》评其曲"如花柳芳妍"。

　　据《元史·列传五十一》记载，杨果天性聪敏又风度翩翩，外表沉默，但擅长幽默谐谑，闻者无不捧腹大笑。年轻时因躲避战乱，旅途中结识一个女子，娶其为妻。后杨果中榜做官，"竟与偕老，不易其初心"，使其成为用情专一的典范。

●译文

（一）

月光笼罩下，满城水波，一片微茫，美人依偎在画船上清歌浅唱。经常回忆起我们当年水上相逢的情景，如今却如远隔湘江，望断云天，空自惆怅。美人笑道："你我相聚就像莲花，虽然绽放的时间短暂，思念却很长很长。"

（二）

湖上采莲归来，翠绿色的衣裙随着晚风轻轻翻飞。忽闻江上传来幽怨的琵琶声，引得人伤心流泪。盼着远方的你快快归来，可是莲花开了又谢，却迟迟没有你的消息。暮色四起，多少凄凉的心事涌上心头，看那鸳鸯和白鹭，随时随地都双宿双飞。

●解读

此组曲描摹了采莲女江上劳作时引起的离愁别绪，格调清丽婉约，意境悠长浩渺。第一首曲子细致地书写了采莲女在江上忆起与恋人江上相逢的情景，表达

了她对爱情的坚贞。第二首曲子抒发了采莲女对远行不归的恋人既思念又怨恨的复杂心理。

第一首水汽与微茫的月色融为一体，颇有神秘朦胧之美。就在这样朦胧的月色下，一个采莲的少女斜倚兰舟，浅唱低吟，如此亦真亦幻的唯美画面，动人心弦。这少女尽管看着江上的烟波生出惆怅，她对爱情却如此坚贞不渝，热烈缠绵，在她的心里，莲花就是恋人，藕丝则是情思，相逢尽管短暂，但情思却绵绵不息。

第二首清丽婉约，作者用琵琶、芙蓉、红鸳、白鹭这些意象，将采莲女的内心起伏变化，把握得恰到好处，淋漓尽致地展现了采莲女的思君之情。开头场景，让读者以为采莲女正欢快而返，不想哀怨的琵琶声忽然传来，她内心立刻起了波澜，这波澜让我们看到采莲女的内心世界，如此细腻丰富。这江上传来的乐曲，让她不再只是一个普通的劳作者，转而成为一个深陷爱情的少女。爱情让她看什么都心生哀愁，仿佛人间的一切，如鸳鸯白鹭都成双成对、双宿双飞，唯独她一个人孤独划在苍茫的江面上。而那个远行的人，他迟迟不来，这真让人又怨又念。

Song of Princess Pan

Shang Ting

Shivering with fright
In moonlight and starlight,
I stand long by the window dim,
Waiting for him.
Suddenly outdoor footsteps l seem to hear:
O it must be my dear.
But how again I shiver
To find in the wind only the trellis quiver.

潘妃曲·带月披星担惊怕

商挺

带月披星担惊怕，久立纱窗下，等候他。

蓦听得门外地皮儿踏，则道是冤家，原来风动荼蘼架。

商挺（1209年—1288年）

　　自号左山老人，曹州济阴（今山东菏泽市）人，曲家商正叔之侄。与元好问、杨奂交好，颇受元世祖赏识。曾任宣抚副使、参知政事、同金枢密院事，累迁枢密副使，后因病辞官。《元史》中可见其传。商挺工诗画，善书法，尤以隶书为长，曾作诗千余篇。散曲亦成绩斐然，今存小令19首。明代朱权作《太和正音谱》将其列为"词林英杰"一百五十人中。

　　商挺官位很高，中年后一直在官场，但他传世的小令多是年轻恋人的爱情生活题材，尤其是初恋的感受居多，而且非常细腻，由此可以推断商挺是一位多情的人。

●译文

趁着微弱的星光月色，担惊受怕地站在纱窗下等他。

猛然间听到门外脚步声儿踢踢踏踏地响起，满心以为是我所爱的他，却原来是风吹动了荼蘼架。

●解读

这首散曲描写了清幽冷寂的月夜里，少女站在窗下等候情人到来的急切心情，鲜明生动地塑造了一个热恋中笃情娇憨的少女形象。她因等待时过分焦灼不安，而产生错觉，将风吹荼蘼架当成恋人的脚步声。全曲基调轻松活泼，保留了民间俚歌亲切平易的特色。

元代时，由于北方蒙古族入主中原，他们较少受中国传统思想的束缚，整个社会风气也因此有了改变，人们思想较为自由，行为开放，随之两性观念也相对宽松，因而产生许多描写爱情的诗曲，这首曲子即是其中的一首。

或许，见到恋人的诗意，远没有漫长的等待更为动人。人生的大部分时间，都是等待，只有奢侈的一

小段时光，属于璀璨的星光。在此之前，是漫漫长夜，是焦灼期待，是忐忑不安，是孤夜失眠，是千嗔百恨，是风忽然吹动了荼蘼架，惹人怦然心动，以为爱神抵达。这月夜下无边的等待，这忽然而起的晚风，让人生回忆起来，充满了无奈与辛酸，也涂抹上一抹动人的哀愁。这哀愁是绚烂爱情的诗意核心，千百年来，让无数人为之飞蛾扑火，拼尽了气力。

Four Pieces of Jade
Parting Grief

Guan Hanqing

Since you are gone,
For you I long.
When will my yearning come to end?
I lean on rails, caressed by snow-like willow down.
The stream you went along
At hillside takes a bend.
It's screened from view
Together with you.

四块玉·别情

关汉卿

自送别，心难舍，一点相思几时绝？

凭阑袖拂杨花雪。

溪又斜，山又遮，人去也！

关汉卿（生卒年不详）

　　大都（今北京）人，又有祁州（今河北安国）、解州（今山西运城）人诸说。元杂剧奠基人，与白朴、马致远、郑光祖并称"元曲四大家"，关汉卿居四大家之首。一生戏剧创作颇丰，编有杂剧60多种，现存18种。所作散曲今存套曲10多套、小令50多首。《窦娥冤》《救风尘》《望江亭》《鲁斋郎》《单刀会》都是其元杂剧代表作。

　　传关汉卿与当时著名杂剧女演员珠帘秀过从甚密，二人相识于扬州，彼时珠帘秀正在江淮一带巡回演出。一个是砚田笔耕、佳作频出的戏曲巨匠，一个是技压群芳、独步当今的表演明星，自然惺惺相惜。关汉卿曾为其写赠曲："碧玲珑掩映着湘妃面，没福怎能够相见。十里扬州风物妍，出落着神仙。"珠帘秀年老后开山授徒，被人尊称"朱娘娘"。她的弟子赛帘秀和燕山秀都是有名的女演员。据记载，珠帘秀后嫁给一个风流道士，过得并不幸福。

●译文

自从将你送别，心中万分不舍，一点相思绵延不绝，不知何时能够休止？

记得送别时我斜倚栏杆，目送你远去。我用衣袖拂去漫天飞雪般的杨花，以免它们阻挡我看向你的视线。

却只见一条弯弯曲曲的小溪向东流去，重峦叠嶂遮住了你远去的道路，这时，我才意识到，你真的已经离我而去。

●解读

这首小令书写了女子与恋人离别时，凭栏望远，所生出的绵延不休的感伤与刻骨的思念。她登高眺望恋人离去的背影，却被漫天飞舞的杨花阻挡了视线，而最终，重峦叠嶂将她与恋人彻底地隔绝。登高远眺、望断天涯路的这一画面，将女子心中哀婉凄绝的离愁别绪，表达得缠绵悱恻、荡气回肠。

人生如果可以时时登高远眺，看到生离死别，看到山川辽阔，烟波浩渺，大地绵延不绝，或许，我们

生命中的诗意会更多一些。这诗意关乎生命的尊严，关乎人生的意义，关乎我们生而为人，所要追寻的恒久的光芒。每一分每一秒，我们这个古老的星球上都有生老病死和新鲜的生命正在诞生，老朽的事物即将死去。这离别让我们看到生命的奇迹，它短暂易逝，必将消亡，于是我们的内心，便孕育出一种叫爱的人间哀愁。

Intoxicated in East Wind
Farewell Song

Guan Hanqing

We stand so near yet we'll be poles apart soon;
In a moment flowers will fall and wane the moon.
We hold in hand the farewell cup,
In our eyes tears well up.
I have just said, "Take care to keep fit!"
How painful is it
To tear myself away!
I can only say, "Go your way for the bright day!"

沉醉东风·送别

关汉卿

咫尺的天南地北，霎时间月缺花飞。手执着饯行杯，眼阁着别离泪。刚道得声保重将息，痛煞煞教人舍不得，好去者，望前程万里。

知识小贴士

这是一首写离情别绪的小令，沉醉东风是曲牌名。作者抓住别离时的一刹那，写恋人间的难舍难分，读来楚楚动人。起句咫尺天涯的对比，极富力量。一声"保重将息"缠绵悱恻，哽咽难言。而最后一句祝愿词，又在依依不舍中，道出不得不舍的真诚祝福。

此曲读来极富生活情趣，既写尽情人间的蜜意浓情，也表现出作者非凡的捕捉生活瞬间的能力。曲中既有"月缺花飞"的象征性警语，又以白话入曲，甚至以对白入曲，表现了作者运用文学语言的深厚功力。

这首曲在送行女子的寄语中戛然而止，这种不拖泥带水的离别，更见恋人内心动荡的波澜。为防止泪水泛滥，她给跨上马背的恋人一个马鞭，令其快速驰骋而去，这种爽利，更生出快刀斩乱麻的深深离别之痛。

近代著名文学史家梁乙真在《元明散曲小史》中点评：这首小令获得了使柳永的《雨霖铃》"不能专美于前"的评价，成为关氏小令的代表作，受到各散曲选家的青睐。

●译文

此刻你还近在咫尺，转瞬间就将天涯海角，花好月圆的美景，也将变成月缺花飞的凄凉。手举着饯行的酒杯，满眼却是惜别的泪水。刚道一声珍重，就生万分悲痛，叫人怎能割舍。唯有默默祝福，好好地去吧，愿你前程万里。

●解读

人生最怕的就是哭哭啼啼、凄凄惨惨的离别，明知道此刻执手相看泪眼，下一刻便天涯海角，不复相聚，可依然希望尽快地将这一切结束。于是尽管肝肠寸绝，却强忍着汹涌的泪水，只将笑容绽放，仿佛那个人不过是出一趟门，很快便会回来相聚。千言万语只化作一句轻描淡写的"保重"，微笑着祝福那个追随大好前程的人，且放心地去吧，你在这里将一切安好，明日又是艳阳高照，花落花开，与那人在时，没有什么区别。

可是这压抑的深情啊，这看似无情的淡漠啊，这明明深爱却不言一字的沉默啊，这将万分的悲痛化作

静水流深的隐忍啊，那个远去奔赴大好前程的人，他是否能够明白？

Song of Spring
for My Love

Bai Pu

I take up my pen light stained with tears to write
My heart-felt grief and then I fold the paper white.
Alas! Unused to lasting longing for a mate,
It takes me such a long, long time to wait
For your vain promise of a date.

阳春曲·题情

白朴

轻拈斑管书心事，细折银笺写恨词。

可怜不惯害相思，则被你个肯字儿，迤逗我
许多时。

白朴（1226年—约1306年）

　　元代戏曲作家、词人。隩州（今山西河曲）人。金天兴元年（1232年），蒙古军围攻汴梁，父白华随金哀宗出奔。城破，母死于难，白朴姐弟被元好问携之归真定（今河北正定），并受其教养。漂泊南北，晚居金陵，放浪形骸，寄情词曲。与关汉卿、马致远、郑光祖并称"元曲四大家"。所作杂剧今知有16种，现存《梧桐雨》等3种，皆描写爱情。有小令37首，套数4套。

　　白朴性格叛逆，曾拒绝父亲安排，追求婚姻自由。又因童年家破母亡的经历，谢绝被人举荐出仕，并在36岁时，弃家南游，永绝仕宦之途。然而，眷妻恋子的情肠终不能割断，他常为这样矛盾的心情煎熬，内心痛苦。白朴54岁左右时，其原配妻子去世。

●译文

轻拈毛笔，细诉心事，洁白的信笺上，写满离愁别恨。

可怜常常被相思折磨，都因你口中说的那个"肯"字，挑逗我许多时。

●解读

这首散曲是白朴创作的一组散曲中的第一首。此组散曲讴歌了一个纯情女子大胆追求幸福爱情生活的真情，形象地表现了元代女性的婚姻观。整组曲子语言质朴活泼，风格热情奔放，与古代传统民歌一脉相承，为歌咏恋情的散曲精品。

此组散曲约创作于 1280 年前后，为白朴定居金陵（今江苏南京）之后所作。其中第一首，书写了初恋少女被情人撩起情感的波澜又遭冷淡后，爱怨交加、恼恨绵绵的复杂心情。

恋爱中的少女总是喜怒无常，爱怨交加。那爱有多么热烈，怨就有多么强烈，以至于有时怨甚至变成了恨，发下誓言，再也不见那人。都怨他，引得她夜

不能寐，辗转反侧，夜夜哀愁。她在心里爱了他一千遍，也怨了他一千遍，更恨了他一千遍。她将那些烦恼给谁说呢？才不会说给那个讨厌的人，最好让他消失了更好，此生再也不要来往。那就执笔写下这种哀怨吧，让上天听听她的心声，知道有个少女正被人折磨，那人说来见她，却一拖再拖，杳无音信。他是怎么想的呢？他为何忽然就冷淡了她呢？她猜不透他的心事，真让人懊恼啊！

Leaning on Balustrade
The winter Garment

Yao Sui

If I send winter garment to thee,
Thou wilt not come to the household.
If I do not, thou wilt feel cold.
It is hard to decide for me
If I should send it to thee.

凭阑人·寄征衣

姚燧

欲寄君衣君不还，

不寄君衣君又寒。

寄与不寄间，

妾身千万难。

姚燧（1238年—1313年）

　　元代文学家，洛阳（今属河南）人。少孤，为伯父姚枢所抚养，后被荐为秦王府文学，官至翰林学士承旨、集贤大学士。散曲抒个人情怀之作较多，曲词清新、开阔；摹写爱情之曲作，文辞流畅浅显，风格雅致缠绵。清人辑有《牧庵集》。

　　据记载，姚燧曾与"能诗词，善谐笑，名重京师"的乐妓张怡云交往。在与歌妓的交往中，姚燧同情她们，尊重她们，理解其不幸的处境，也为她们鸣不平。他在大都任翰林学士承旨时，偶于宴席中遇一位秀丽娴雅的歌妓，微操南音。姚燧把她招到席前，问后得知她是宋儒真德秀的后人，因父亲官微，禄薄无法偿还公债，而被卖入娼家，于是他派人请求丞相为之落籍。事后又把她以女儿身份许配给他熟悉的一名史官。这件事在京师被人传为盛事，嘉兴县阙为此曾赋诗三百余言。

●译文

想要给你寄冬衣，又怕你不再把家还。不给你寄冬衣，又怕你过冬挨冻受寒。

是寄还是不寄，我犹豫不决，真是感到千难又万难。

●解读

在古典诗文作品中，思妇怨女怀念征夫游子是盛行不衰的经典题材，这首散曲也在相近的社会背景中找到了灵感。其通过对闺妇在寒冬到来时，给远方征人寄寒衣的矛盾心理的刻画，表现了思妇复杂微妙的心理，寄与不寄间，渗透了女子深沉的眷恋和思念。

全曲以浅白的口语，把女子的思念之情表达得极其深刻。文字直白，感情丰厚，平中见奇，堪称大家手笔。另，全曲二十四字中，"寄""君""衣""不"四字占了一半以上，用字寥寥，却能包含如此丰富曲折的情节和意象，这也是此篇的精妙之处。

相思中的女子，总是举棋不定，犹豫不决，左右为难，仿佛她的身体里，住着两个人，一个在左边唱着红脸，一个在右边唱着白脸。一件小事能在她的心

里荡起无数的涟漪，横竖都拿不定主意，怎么做都有她的道理。又爱又恨，爱里藏满相思，恨里也全是深情。不过寄一件棉衣，都来来回回思量了无数次。寄吧，怕他有了棉衣，再也不想回来；不寄吧，怕他被寒风冻坏了身体，这可怎么是好？真恨不得能够飞过千山万水，抵达那人的身边，问一问他，到底怎么想的啊，为何迟迟不归来啊！你看一年又一年，过去多少个寒冬，我的心都在无休无止的等待中，快要凉透了啊！

Song of Long Lived Sun

Ma Zhiyuan

Since thou left me,
I have received no word from thee.
Such unkindness has injured me.
I complain to whoever appears.
I don't believe it won't assail thy ears.

寿阳曲·从别后

马致远

从别后，音信绝，薄情种害煞人也。

逢一个见一个因话说，不信你耳轮儿不热。

马致远（约 1251 年—1321 年后）

　　元代杂剧家、散曲家。大都（今北京）人。马致远与关汉卿、白朴、郑光祖同称"元曲四大家"。青年时期热衷功名，似曾向太子孛儿只斤·真金献诗，并因此而曾为官，但仕途坎坷。中年中进士，曾任江浙行省官吏，后在大都任工部主事。晚年不满时政，隐居田园。其散曲创作，思想内容丰富深邃，艺术技巧高超圆熟，杂剧创作具有散曲化的倾向和虚实相生之美，有"曲状元"之誉。他的杂剧作品见于著录的有 15 种，以《汉宫秋》最著名。散曲集有《东篱乐府》。

　　其婚姻情感经历不详。

●译文

自从分别后，你音信全无。你这个薄情郎真是把
人害得好苦。

我要向我所遇见的每一个人诉说一遍内心的痛苦，
一直说到你耳郭发热，坐卧不宁。

●解读

此曲写痴心女子对薄情郎的怨愤与深藏的思念。
此曲纯用口语，本色无华，但人物个性鲜明，情韵深切，
将深陷思念的女子大胆泼辣、不甘受人摆布、不安于
命运的性格，表现得活灵活现。末句用被人背后议论
耳郭便会发热的民间习惯说法入曲，极俚俗，却极有
情致，她这样做的目的只有一个，就是希望能够得到
恋人的回信，表现出她对爱情的执着和专一。元散曲
来自民间，崇尚本色通俗，常用口语、俗语和民俗风
情入曲，这首小令正是这方面的出色代表。

恋人间也时常说狠话，恼怒的往往是女子，她心
思如此细腻，对爱如此痴狂，甚至能以生死相许，可
是那个也不知是薄情还是内心粗糙的男人，却并不明

白她的千万种心思，只害得她夜夜失眠，日日憔悴，
神思恍惚。可是她能说给谁听啊，如果那个人在，她
恨不能当面将他控诉三天三夜，直教他此后再也不敢
如此将她怠慢。可是偏偏他连个人影都见不到，于是
她恨不得对路过的每一个人，都絮叨一遍内心的痛苦，
在背后将那个薄情郎痛快淋漓地骂上千万次，直说得
他耳郭发热，坐卧不宁，不得不出来回应她内心绝望
又热烈的思念。

From a Year's End to Folklore
Parting Grief

Wang Shifu

(I)A year's end
Since we parted, far-flung hills disappear with you.
How can I bear to see the rippling stream anew,
And wave on wave of willow catkin's wafting trace,
And peach blossom's drunken face before my face?
The fragrant breeze invades my bower now and then;
Evening rain falls on my closed door again and again.

(II)Folklore
The dim twilight I fear will often reappear,
O how can my soul lost be found at any cost?
The new cannot efface the old tear-shedding trace;
One broken heart yearns for the other kept apart.
When spring sets in,
Fragrant as is my skin,
My girdle turns loose for my waist grows thin.

十二月过尧民歌·别情

王实甫

（一）十二月

自别后遥山隐隐，更那堪远水粼粼？见杨柳飞绵滚滚，对桃花醉脸醺醺。透内阁香风阵阵，掩重门暮雨纷纷。

（二）尧民歌

怕黄昏忽地又黄昏，不销魂怎地不销魂？新啼痕压旧啼痕，断肠人忆断肠人。今春，香肌瘦几分？缕带①宽三寸。

①缕带一作：搂带。

王实甫（生卒年不详）

　　大都(今北京)人，元代著名杂剧作家。所作杂剧今知14种，现存《西厢记》等3种。散曲存世不多，仅存小令1首，套数3套。王实甫与关汉卿、白朴、马致远齐名，其作品继承了唐诗宋词精美的语言艺术，又吸收了元代民间生动活泼的口头语言，创造了文采璀璨的元曲词汇，成为中国戏曲史上"文采派"的杰出代表。

　　据《元史》记载，王实甫的父亲王逊勋，跟随成吉思汗西征至西域，娶信仰伊斯兰教的阿鲁浑氏为妻，故王实甫应有一半回族血统。王实甫早年曾经为官，担任过陕西行台监察御史等职，但仕途坎坷，40岁即弃官不复仕，出入于歌台舞榭之中，厮混于勾栏瓦舍之间，开始了戏剧创作生涯。其子王结，"官至中书左丞、中书参知政事，地位显赫"，曾劝父亲不要涉足"歌吹之地"，在家安心养老，但王实甫乐此不疲。

●译文

自分别后，望不尽隐隐约约的重峦叠嶂，更难忍受波光粼粼的江水奔流而逝。不觉间柳絮又漫天飞舞，娇艳的桃花令人痴醉得脸色晕红。闺房楼阁透出阵阵香风，掩闭重门，到黄昏听那雨点一下下敲门。

怕黄昏到来，黄昏偏偏忽地来临，不想失魂落魄，又怎不叫人落魄伤心。旧的泪痕还未干透，又盖上新的泪痕，断肠人常记挂着断肠人。要知道今年春天，身上的香肌瘦减了多少？看衣带都宽出了三寸。

●解读

这是一首带过曲，由《十二月》与《尧民歌》两个曲牌组成。此曲描写了闺中女子思念远离家乡的心上人的情形。

前支小令《十二月》重在写景，通过山、水、桃、柳、内阁、重门等意象，渲染了使人哀愁的景色，间接抒发了女子对恋人的思念之情。后支小令《尧民歌》直接抒情，运用连环与夸张的手法，写出女子的相思之苦。全曲大量运用对仗、联绵字、重叠词以及白话

口语等手法，语言总体以俗为美，既哀婉动人，如泣如诉，也富含音韵之美和浓郁的生活气息。

　　思念的人总是怕黄昏到来，眼看着一天又悄然划过，春天的桃花怒放，惹得人春情荡漾，可是那个思念的人啊，他还没有归来。黄昏里一切都变得朦胧萧瑟，孤独被暮色涂抹，又深了一层。想那白日还有春光陪伴，仿佛那个人陪在身边，给你温暖。可是黄昏里却只有雨打重门，寂寞如影随形，如黑色的袍子，将你重重裹挟。那漫漫长夜，不知如何度过。是不是又要泪湿枕巾，听着那雨打桃花，一滴一滴，直让残红落了满地，一宿未眠的人啊，晨起对镜，又瘦了三分。

花落水流红
闲愁万种

Leaning on Balustrade
Yearning in Spring

Qiao Ji

Under pale moon by pear blossoms on rails I lean,
My silken stockings cold with clear dew on moss green.
Grief-stricken, I am in sad plight,
Still I burn incense for him at night

凭阑人·春思

乔吉

淡月梨花曲槛傍，清露苍苔罗袜凉。

恨他愁断肠，为他烧夜香。

乔吉（? —1345年）

　　太原（今属山西）人，元代杂剧家。一生怀才不遇，倾其精力创作散曲、杂剧。著杂剧11种，现存《扬州梦》《两世姻缘》《金钱记》3种。散曲有《乔梦符小令》1卷。其杂剧、散曲在元曲作家中皆居前列。散曲数量之多，仅次于张可久，风格清丽，朴质通俗，兼有典雅。

　　据记载，乔吉长相俊美，风度翩翩，与歌妓李楚仪的感情非同一般，写有7首赠李楚仪的元曲，足见乔吉对她的依恋与牵挂。勾栏瓦舍和青楼舞榭，成了乔吉混迹江湖的生存空间。在这里，他凭自己的美容仪与美辞章，赢得歌妓的青睐，找到了生命的坐标。因此他醉心于风花雪月和倚红偎翠，也乐意用生花妙笔，写尽她们的爱恨情仇，而她们也给予他温暖抚慰，彼此惺惺相惜。

●译文

溶溶月光洒满梨花，独自倚靠栏杆旁，站立许久，竟不知苍苔凉露浸湿了罗袜。

对他又爱又恨，直教人愁肠断，只能深夜默默点香，向天祈祷。

●解读

题名《春思》揭示了这支小令描写的主题，也即春日对恋人的思念。

首句描写春夜宁静清雅的景色，独守空房的女子，就在这样的月夜下，长久站着思念她的恋人。一边因恋人不归而愁肠寸断，难以排遣的怨恨，使她夜不能寐；一边对恋人的牵挂难以释怀，一片痴情驱使她对月烧香，为他默默祈祷。可见女子爱恨交织，但始终以爱作为情感中心。这支小令意境淡雅清幽，人物情感生动细腻，韵味悠长。

看那夜色中满树幽香的梨花，尚有月光温柔笼罩，给它慰藉；看那石上苍苔，尚有暮色中的凉露，将它们浸润；看那望不尽的山峦，一重一重，默默相伴，

绵延不绝。就是那枝头鸟雀，在夜色中栖息，也有伴侣相陪左右。可是我站在这里，等了很久，却连能给我慰藉的路人的脚步声，也不曾听到。你知道我多么思念你吗？这思念如此炽热，快要让我肝肠寸断，快要滑向恨的一端。可我还是如此深爱眷恋着你，孤独中唯有点燃了香烛，向苍天祈祷，只愿你此刻已经踏上归程，只愿你早日推门与我相聚。

Man and Moon
A Spring Day on the lake

Zhang Kejiu

From my bower girt with mountains green,
The far-off Southern sky cannot be seen.
My love as fair as jade white
Came into my dream last night.
Where is she now playing on the flute far away?
Before the door night and day,
I see but heartless autumn moon
And faithful vernal tide at noon.
How languid now am I!
My heart like flowers that can't fly,
My eyebrows like willow leaves dry.

人月圆·春日湖上

张可久

小楼还被青山碍，隔断楚天遥。昨宵入梦，
那人如玉，何处吹箫？门前朝暮，无情秋月，
有信春潮。看看憔悴，飞花心事，残柳眉梢。

张可久（约1280年—约1352年）

　　元朝著名散曲家、剧作家，浙江庆元路（今浙江宁波）人。与乔吉并称"双璧"，有"曲中李杜"之称。一生坎坷，终生为吏，其间也曾退隐田园，却因生计所迫，七十余岁尚为昆山幕僚。散曲作品今存850多首，数量为元代散曲作家之冠。他的散曲清丽典雅，对后世创作很有影响，元曲到张可久，完成了文人化的历程。

　　张可久的一生时隐时仕，在辗转辛劳中度过。也是因此，他游历了很多地方，思想渐渐开阔，投入山水，好像山水才是他的归宿。他的一生如自己所说，"半纸虚名，万里修程"。其婚姻情感经历不详。

●译文

在楼上远眺，被层叠的青山隔断了视线，不能望见遥远的天边。她昨晚进入我的梦中，而今却不知身在何处。门前朝朝暮暮同我相对的，只有毫无情意的秋月，和按约而至的春潮。心事忧愁不定，犹如飞花，双眉紧锁不展，恰如残柳。

●解读

这首小令写于作者寓居杭州西湖的一个春日，是作者在勘破世情、诗酒自娱的隐士生活中，所创作的作品。其用白描，语言雅致；写景形象，委婉含蓄，是一首典雅蕴藉之作。对远人的思念，使诗人心神交瘁，然而又不直接表达，而是借暮春景物抒发，重在抒情而不是写景。"飞花心事，残柳眉梢"的描写，极其形象含蓄。

日月每天都来到你的身边，还有春去秋来，多少时光在人间蹉跎。青山无数，却没有一座为你而生。春花秋月，也只独来独往，不理你的孤独。那江上春潮，来了又去，波澜涌动，却没有一次，是为你惊涛拍岸。

这世间的一切，都自有来处与归宿，唯独你，与恋人千里相隔，生不能相守，死亦不知能否灵魂相伴天涯。有时不能明白，人孤独行走一世，究竟为了什么。假若生来就有使命，只为空空等待不可企及的那个人，只能一次次梦中相见，那这一世多么令人悲伤。听那窗外的大风，又飒飒吹起，愿它将我所有的愁绪都吹走，愿它也吹来那人的叹息，如此，我便可以在人间与她做一次哀愁的交换。

Skyward Song
A Wife Waiting on Her Lord

Zhang Kejiu

Of whom will you pencil the brow?
I know with whom you are in love now.
Deep in the lane I hear your horse neigh,
Drunk at midnight, you're on your homeward way.
I take great care to make your bed,
But you pretend to turn away your haughty head.
Who is so unashamed as you? Unworthy, you know it's true
I've done my best,
So by lamplight you lie down, not yet undressed.

朝天子·闺情

张可久

与谁画眉？猜破风流谜。铜驼巷里玉骢嘶，
夜半归来醉。

小意收拾，怪胆禁持，不识羞谁似你？

自知理亏，灯下和衣睡。

知识小贴士

　　这支曲子以一个女子的口吻，讲述了其爱情生活中的一个小插曲。女子在夜里苦苦等丈夫回家，丈夫却醉醺醺很晚才归，做妻子的便猜忌丈夫一定去了铜驼巷花天酒地，心生醋意，便对他百般责备，丈夫却不肯服软。曲虽短小，但写得颇为生动。女子的猜忌和埋怨，丈夫先硬后软、嘟嘟囔囔不肯认错的醉酒神态，均写得情趣盎然。读者仿佛可以通过这支短曲，踏进夜色中的卧室，一窥元朝夫妻间的婚姻生活。

●译文

一晚上给谁在画眉？猜破了风流谜底。铜驼巷里
玉骢马在嘶鸣，夜半回来喝得烂醉。

我小心服侍，你还违情背意，对我折腾纠缠不休，
谁像你这样不知害臊！

你自知理亏，在灯下和衣而睡。

●解读

几乎每个男人，一生中都有过醉酒晚归的时候。
一路上尽管步履踉跄，心里却泛起又爱又怯的泡泡，
不知那个在家等他归来的妻子，是否早已对他生了无
休无止的怨言。生了怨言也不怕，只要不怀疑他在外
拈花惹草就好。他不过是跟朋友在酒馆里划拳喝酒，
吹牛扯皮，并在醉意朦胧中，生出一醉方休的万丈豪情。
喝到尽兴，本不愿半夜赶回家去，可想到家里还有个
人在为他担惊受怕，夜不能寐，他还是强撑着脚步，
在狐朋狗友的嘲笑中，踉踉跄跄打道回府。

果然进了家门，见到横眉冷对的妻子，便浑身哆嗦，
知道她一晚上翻来覆去，终究还是醋意横生，怀疑他

在外跟哪个女子心生恩爱。他忆起席间也曾对某个女
子暗生情愫，可是也仅仅限于心中波澜，并未有任何
出格的言行举止，便心下一横，打算硬抗到底。可是
眼看着她一边对他抱怨，一边为他擦拭衣服上的秽物，
絮叨中带着心疼，指责中带着深情，心中便生出柔软，
知道自己错了，不该如此晚归，让她一宿担心，于是
老老实实地躺下，面朝墙壁和衣睡下，任她怜爱地将
自己轻声骂着。

Song of Moon Palace
Lovesickness

Xu Zaisi

In early life l knew not what lovesickness is.
When I began to know a bit,
I fell heart and soul into a fit.
My body like cloud white,
My heart like willow down in flight,
Floating as gossamer light.
In vain a wreath of fragrance is left here.
When will my noble roamer reappear?
When comes my disease,
Can I know what time it is?
It comes by dim lamplight,
When the moon is half bright.

蟾宫曲·春情

徐再思

平生不会相思，才会相思，便害相思。

身似浮云，心如飞絮，气若游丝。

空一缕余香在此，盼千金游子何之？

证候来时，正是何时？灯半昏时，月半明时。

徐再思（生卒年不详）

  浙江嘉兴人，元代著名散曲作家，生平事迹及婚姻情感经历不详。据《录鬼簿》记载，其"为人聪敏秀丽""交游高上文章士。习经书，看鉴史"。最早为功名所困，故国沦陷后，开始追寻古代隐士的足迹，寻找自我解脱的良方，回归宁静淡泊的精神家园。仕途不畅，只担任过嘉兴路吏等小的官职。因喜食甘饴，故号甜斋。一生活动足迹似乎没有离开过江浙一带。现存小令103首，主要内容集中在写景、相思、归隐、咏史等方面。后人将其散曲与贯云石（号酸斋）作品合辑为《酸甜乐府》。

●译文

我从出生到现在都不知道什么是相思，才刚刚懂得什么是相思，便深受着相思的折磨。

身体像飘浮的云朵，心像纷飞的柳絮，气像一缕缕游丝。

空剩下一丝余香留在这里，而日夜思念的恋人，却不知道到了何处？

相思的痛苦什么时候最猛烈呢？是灯光半昏半亮时，月亮半明半暗时。

●解读

此曲描写的是少女的相思之情，曲中对这种相思成疾的描摹，可谓入木三分。全曲平易简朴而不失风韵，自然天成，又曲折幽深，写尽相思之深。此曲押韵也极富特色，开头连用三次"思"字，结尾连用四次"时"字。连环重叠，写法大胆而自然，颇得本色之趣。

作者徐再思另有一曲《清江引·相思》："相思有如少债的，每日相催逼。常挑着一担愁，准不了三分利。这本钱见他时才算得。"也写得真率坦诚，

与这首异曲同工。《坚瓠壬集》卷三点评这两曲"得其相思三昧"。

相思是一种疾病，除非那人抵达你的身边，将你温柔地拥抱、亲吻、爱抚，否则基本无药可救。生病的人，似乎失去了灵魂，身体如行尸走肉，随风飘荡，气若游丝。而灵魂则日行千里，抵达那个思念的人的身边。可是她的灵魂在半空努力地向那人呼唤、悲泣，绕着他飞来飞去，试图让他听到她的声音，他却始终不发一言，仿佛她根本就不存在。于是她试图进入他的梦中，可是那个梦也仿佛铸了铜墙铁壁，她无论如何都不能进去。最终，是她将那人唤入自己的梦里。他在梦里却并不热烈，好像一个陌生的人，遥遥地看着她，冲她招手，仿佛在说再见，又仿佛让她过去。可是，她在梦里能去哪儿呢，她还来不及想出去哪儿，梦就醒了。而窗外，月光正静静地洒满苍茫的大地，黎明还遥遥无期，让她相思成疾的那个人，也不知究竟行走在人间的哪个角落。

Song of Daffodils
Love in Spring

Xu Zaisi

I am as lovesick as I'm full of care;
We long for each other here as there.
Ten years of courting give me as much joy as pain;
Our life is chequered with loss as well as gain.
There is not half a thing which brings me not half shame,
In autumn late I regret autumn flame;
In springtime fine I complain I'm sick of spring wine.
All my life long is nothing but a love song.

水仙子·春情

徐再思

九分恩爱九分忧，两处相思两处愁，十年逗逗十年受。

几遍成几遍休，半点事半点惭羞。

三秋恨三秋感旧，三春怨三春病酒，一世害一世风流。

知识小贴士

此曲以一个怨女的口吻，描写了她内心对一段爱情的微妙情感。通首数量词的反复叠用，既增强了语气感和真实感，又使节奏上起伏跳荡，酷似女子喋喋不休的倾诉。

从女子的诉说中，我们可以看出，她和心上人先是情深意长，但相爱的同时，又伴随着忧伤。他们因分处两地，忍受着别离的相思之苦。在相恋的十年中，他常向她倾诉衷情，她却只能承受百倍的思念。有时两个人之间也会生出矛盾，可是过后她唯独怨自己，觉得有许多对不住他的地方。她又多愁善感，秋天来了生秋恨，春天到了生春怨，既怨他经不起考验，更怨自己太过任性，把一生的幸福亲手断送。现在能有什么办法呢，借酒浇愁、为伊消得人憔悴，都毫无用处，只好对天长叹，谁叫自己如此多情，这辈子只有把这相思病，无休无止地害下去了。

●译文

有九分的恩爱，就有九分的忧愁；有两地的相思，就有两地的情愁；有十年的爱意，就有十年的相思之苦。

这期间又反反复复，有时顺心，有时不顺。想起那些不顺心的事，没有一样不叫人惭愧又内疚。

真是怕过秋天，它惹人伤情，叫人生恨，令人感旧；也怕春天，它惹人生怨，为遣春情，只有借酒浇愁，可又不胜酒力，为此常常病倒，身体也越发消瘦。唉，人生能有什么办法，就这么个风流性子，只好自作自受罢了。

●解读

恋爱中的人，总是伤春悲秋。春天来了，不看那桃花怒放，独独担心满地残红。到了秋天，不看那枝头累累硕果，独看那漫天黄叶飞舞。所以爱了又恨，恨过又爱，反反复复，仿佛某种不能消除的病毒。但被病毒侵蚀的人并不觉得，哭哭笑笑，沉浸其中。直到最后，被十年曲折爱情折磨得遍体鳞伤的人，觉得累了，倦了，先行一步。相思成疾的人才真正明白，

并生出悔恨与愧疚，于是借酒消愁，于是日渐消瘦，于是再次病倒。只是面对这一份已经失去的爱情，能有什么办法呢，天生的一副为爱折腾的倔强皮囊，也只能独自受着罢了。

Plucking Laurel Branch
Parting Recalled
Liu Tingxin

Parting's the greatest grief in life, alas!
Don't sing thrice the refrain
Of farewell song of Sunny Pass!
Worried to death, I wipe away my tears;
At a loss, I stroke my chin and ears;
Stupified, I shut my mouth tongue-tied.
My love for you, you should keep in heart;
Of ill and pain I would bear my part.
Of household work, you need not care a grain.
But don't forget to bring me word now and again!
If I know you are in love with another flower,
At once in cab and horse I'll leave my bower.

折桂令·忆别

刘庭信

想人生最苦离别，唱到阳关，休唱三叠。

急煎煎抹泪柔眵，意迟迟揉腮撧耳，呆答孩闭口藏舌。

情儿分儿你心里记者，病儿痛儿我身上添些，

家儿活儿既是抛撇，书儿信儿是必休绝，

花儿草儿打听的风声，车儿马儿我亲自来也！

刘庭信（生卒年不详）

元末散曲作家。益都（今山东）人。原名廷玉，排行第五，身黑而长，人称“黑刘五”，为南台御史刘廷翰的族弟。《录鬼簿续编》说他天性聪明，超出常人，虽出身公卿世家，但一生落魄不羁，不求仕途，混迹于市井歌舞酒肆之间，工于填词作曲。所作散曲今存小令 39 首，套数 7 首。作品以闺情闺怨为主，多写痴男怨女、秦楼楚馆、调笑风情等内容，颇具婉约柔媚风格。

其婚姻情感状况不详。

●译文

想人生最苦的就是离别，分别时唱到了阳关，不忍心再唱三叠。

眼泪无休无止地流，不知该怎样才好，明明有万语千言，却笨口拙舌，无从说起，最后只能相对无言。

你心里一定要记着我的真情，此后痛苦和煎熬将伴随着我。

你既然抛下了家里的活计，可千万不能再忘了时时来信。

要是你在外头拈花惹草不正经，让我听到了风声，可别怪我跨上车马，立时赶来寻问！

●解读

《折桂令·忆别》共十二首，均以"想人生最苦离别"起首，当是受《西厢记·草桥惊梦》折中《折桂令》"想人生最苦离别，可怜见千里关山，独自跋涉"的影响。这一首着力表现临别分手的情景。全曲语言明快，刻画细致。同时，通过大量增加衬字，使用俗语，运用叠字，使作品很富生活气息，也增强了作品的表现力。

　　离别对于古代女子来说，痛苦和忧虑往往更多一层。担心丈夫变心，自己被抛弃，是那时女子共同的、具有代表性的忧虑。所以这首曲中，女子对即将离别的丈夫的叮咛，既缠绵依恋，又爽利泼辣，女子的形象也因这样独特的叮咛而跃然纸上。

　　离别时的爱人，除了无休无止的泪水、缠绵悱恻的相思、温柔细腻的叮咛，还有含娇带嗔的提醒或者警告。她要让那个在外自由飞翔的鸟儿，不要忘了家中还有一个人在日夜将他牵挂。她可以为他承担起所有繁重的家务以及照料子女和父母的重任，只希望他能时时来信，既报平安，也解痛苦的相思。切勿像个木头疙瘩一样不解风情，一句关心体谅人的温柔话也没有。更休想有半点移情别恋之心，倘若让她知道了，可有他好果子吃，她不驾上车马飞赶过去，将他痛骂责罚一顿，她就不是他的妻！这样的警醒里，其实满含着深情。因为过分哀愁的告别，会让那柔肠寸断；只有这样责骂似的善意提醒，才能调和离别时恼人的哀伤，让那远去的人，心里始终牵挂着这个渐行渐远的温暖的家。

Song of Daffodils
Lovesickness

Liu Tingxin

Oh, deep regret
On regret deep
I can't forget!
At dusk it overwhelms my bower and I weep.
Piled-up sorrow,
Sorrow piled-up,
Sorrow lasts till the morrow,
It drinks my blood in emerald cup.
I am idle,
Idle am I,
Made up, I would sidle;
Incense burned, I would sigh.
I shed tears,
Tears are shed,
My face appears
Tearful as if with water overspread.
I am ill,
Ill am I,
Languid still,
My heart would utter cry on cry.
I see the bloom,
The bloom sees me,
Languid and lean she'd also be.
I and the moon,
The moon and I,
Looking in my face, she'd feel shy.
I ask the sky soon, It won't reply
For like me it's also in deep gloom.

水仙子·相思

刘庭信

恨重叠，重叠恨，恨绵绵，恨满晚妆楼；

愁积聚，积聚愁，愁切切，愁斟碧玉瓯；

懒梳妆，梳妆懒，懒设设，懒爇黄金兽。

泪珠弹，弹珠泪，泪汪汪，汪汪不住流；

病身躯，身躯病，病恹恹，病在我心头。

花见我，我见花，花应憔瘦；

月对咱，咱对月，月更害羞；

与天说，说与天，天也还愁。

知识小贴士

　　此曲描写了深陷相思的女子，她的悱恻悲凄、如泣如诉的人生片段。

　　元曲中衬字的自由运用，是对诗歌体式的一大革新。它使曲文在遵守格律的前提下，有更大的灵活性，衬字一般不占用乐曲的节拍和音调，往往是唱时快速而有节奏地一口带过。衬字除了表达完整的句意，更增添了感情和风韵上的表现力。如果这首曲子去掉衬字，按照平仄的要求，就成为下面的样式："重叠恨满晚妆楼，积聚愁斟碧玉瓯，梳妆懒爇黄金兽。泪珠不住流，病恹恹在我心头。花应瘦，月更羞，天也还愁。"与原曲对比，就缺少了那种哀愁回环往复、此恨绵绵不绝的艺术感染力，可见形式在元曲中也有着重要的意义。

　　本篇的衬字在形式上运用了叠字、联绵词、反复、回文、顶真等多种手法，从而将曲中的"恨""愁""懒""泪""病"等情态精雕细琢，将"花""月""天"等用以衬托女子内心爱恨忧愁的外在情境，表现得缠绵多情，以至于读者几乎可以拧出满纸愁云。

●译文

此恨绵绵不绝，弥漫了整个黄昏的妆楼。心中怀着越来越浓重的哀愁，斟满碧玉的酒杯。没有心情梳妆，懒懒地点燃炉香。泪水夺眶而出，一行一行，永无止息。浑身恹恹无力，但心头才是真正的病源。我伴着花，本来瘦弱的花枝料应更加憔悴；我对着月，月亮见了我也害羞地躲进云间。这一腔心事无人倾诉，只能诉向青天，青天因而也带上了愁颜。

●解读

在相思中，人类的孤独是不对等的。事实上，人与人之间，从未能够真正地做到心灵相通或者心灵感应。千百年过去，困惑着我们的，依然是人类永恒的爱与恨。它们从未因为科技的进步、社会的发展、王朝的更迭而有过任何的改变。爱与恨，生与死，这是我们赖以生存的星球上，或者整个宇宙之中，永恒存在的问题。这一腔绵延不绝的心事，除了抬头问向苍天，又能有什么办法去消除？可是，那个纳括了一切

人间悲欢离合的苍天啊，它从不回答我们人类的悲泣、愤怒、倾诉。它只默默地倾听，而后将这奔涌的爱与恨，消隐于苍茫的虚空之中，仿佛它们从未存在。

花落水流红
闲愁万种

Autumn Swan on the Frontier

Yi Ming

My love for him is like moonrise,
My joy like brows above the eyes.
Thinking of him, The Moon on West River I croon;
Waiting for him, my heart is like the waning moon.
Then he was highly pleased with me.
Now forsaken by him can I be?
Our reunion is like the moon deep in the sea.

塞鸿秋·爱他时似爱初生月

佚名

爱他时似爱初生月，喜他时似喜看梅梢月，

想他时道几首西江月，盼他时似盼辰钩月。

当初意儿别，今日相抛撇，

要相逢似水底捞明月。

知识小贴士

　　这是一首写女子别后望月相思的小令，作者佚名。

　　全曲以"月"作为韵脚，处处写月，事事用月，通篇诉说；但因为女子讲述中，不停变换月亮的情态，读者并不觉得单调枯燥。作者不仅以现实中的月亮作为譬喻，还用了词牌中的"西江月"，和成语中的"海底捞月"为喻体，巧妙传达着女子深沉的相思与愁绪。曲词不停变化，巧妙运用，使人读来意趣盎然，仿佛看到时光流转，和漫长岁月中天上那轮被染上不同情绪的月亮。

●译文

爱他的时候，觉得他像初生的月亮那样皎洁明亮；喜欢他的时候，觉得他像梅树梢的月亮那样清丽明净。

想念他的时候，填写几首《西江月》寄托相思；盼他来的时候，直盼得一宿无眠，残月如钩。

当初与他情意绵绵，无限欢爱，今日却将我孤独抛下，再想与他相逢，怕似水底捞月，绝望徒劳。

●解读

千百万年以来，一切都在发生变化。植物消亡、动物灭绝、人类死去、王朝更迭，但月亮，这将清幽的光遍洒荒野、草原、城市、村庄和古寺的月亮，这见证着人间悲欢、生命传奇的月亮，却始终一言不发。那轮风情万种的月亮，对于倚在高楼上不同时代的女子，并没有什么不同。可是，因为心境和命运的差异，这轮在宇宙中存在了四五十亿年的月亮，却时而热烈，时而冷寂；时而多情，时而无情。因为地上爱着恨着的无数男女，它也便有了无数种样貌，无数种神情，无数种情态。可是，看月亮的人换了一个又一个，爱

着的人走了，恨着的人也走了，甚至沧海桑田，山无棱，海水绝，月亮始终安静地挂在那里。有时它在树梢，有时它在云后，有时它在天边，有时它在水中。它永远守候着寂静的夜晚，给深夜赶路的人，或者夜不能寐的人，一点微弱的亮光。可是那个被爱的人啊，他始终没有来。

Universal Joy

Yi Ming

He is born with a fair, fine face,
Handsome in all, clever in word.
Lovely when he is heard,
Fickle in all he says.
Wherever he goes or stays,
Drinks or eats, I like his manner,
And follow him as a shadow under a banner.
I consider it as a favor
To absorb his flavor,
When he is honest, I appreciate his grace.

普天乐·他生得脸儿峥

佚名

他生得脸儿峥，庞儿正。

诸余里耍俏，所事里聪明。

忒可憎，没薄幸。行里坐里茶里饭里相随定，
恰便似纸幡儿引了人魂灵。

想那些个滋滋味味，风风韵韵，老老成成。

知识小贴士

元人小令精彩纷呈，嬉笑怒骂皆成文章，悲也不胜悲，乐也总堪乐，字里行间，都是活泼泼的。仿佛每一首小令里的男男女女，都能穿越时空隧道，生动鲜活地站在读者面前。他们有爱恨情仇，有悲欢喜乐。他们泼辣大胆，敢爱敢恨，完全不关心所谓的道德束缚、封建管控。恰是许多像这首小令一样，佚名却流传下来的动人作品，让我们看到不同时代的人们，其实有着几乎相似的悲欢和情绪。人类复杂的情感，或许自从人类诞生的那一天起，就已存在。

● 译文

看他生得仪容俊雅，俊美风流。

看他千般卖弄，万般聪明。

太可恨了，这讨人厌的冤家。吃饭饮茶走路睡觉
他都如影随形，恰似那招人魂灵的纸幡。

唉，思念绵延不绝，真让人烦恼啊。

● 解读

可憎与可爱，讨厌与喜欢，无情与有情，怨恨与
深爱，在恋爱中的男女那里，常常指代同样的意思。
不是冤家不聚头，恋爱中的男人女人，也是这样又爱
又恨的冤家。时而骂他，时而爱他。看他耍聪明就忍
不住含讥带讽，对他百般嘲笑。可是爱他念他时，那
些卖弄虚荣都成了可爱，都成了耍宝，都成了幽默风趣，
风情万种。谁教他长得风流倜傥，惹人爱慕，随时随
地都是他的影子，挥之不去，简直像魂魄附体，与她
合二为一。

思念的滋味真是痛苦，坐立不安，茶饭不思，恨
不能将眼前晃来晃去的那个冤家，一把拽过来，搂进

口袋，永远地封存，再不要如此笑嘻嘻地引诱着她，却永远不让她得到那份甜蜜的爱情。她还发誓再也不跟他来往，他最好从她的世界里永远地消失，任他跟谁柔情蜜意，任他跟谁一生一世，只要别来烦她就好。

　　唉，这恼人的思念。

Welcome to Spring
Longing

Yi Ming

I cut tight coat and skirt for fear I should grow thin;
I lightly pencil my brows to hide my chagrin.
O When I long for you, l mount the tower high,
Stand long and gaze far and nigh,
But I see only wild geese crossing autumn sky.

喜春来·闺情

佚名

窄裁衫祖安排瘦，淡扫蛾眉准备愁。

思君一度一登楼。凝望久，雁过楚天秋。

知识小贴士

此曲写女子的闺情闺怨，用语新奇，生动洗练，使人耳目一新。作者佚名。

"安排瘦""准备愁"，写尽女子既怕又不得不准备咀嚼离愁的无奈与哀伤。"思君一度一登楼"，则直白急切，写出女子思念之深之切。而"凝望久"，则让一个额头积满哀愁和云鬓的孤独远眺的女子形象，鲜活跃出。

因为古代相对动荡的社会环境，交通及通信的不便，男女关系相对不公，弃妇与思妇（包括征妇、商妇、游子妇等）的一生大多悲戚，故诗词曲中，描写闺怨的作品很多。但排除这些因素，而今交通便捷的现代社会，这些作品依然具有动人的力量，其中的根本原因，便是它们写出了人类共同的爱恨悲欢。这一点，不管在任何朝代和时代，都不会改变。正是基于此，对于爱情的歌咏，千百年来也从未止息。即便在通信快捷便利的当下，你思念的人就在网络对面，一键可以点击发送相思，但思念带来的孤独，却从未消除。甚至在某种意义上，热闹的网络反而放大了这种孤独。可见人们在爱情中，追求的更多是心灵的共鸣和精神的满足。唯有灵魂的碰撞与交融，才能真正让爱情中的人们，得以自由地飞翔。

● 译文

　　将衣衫裁剪得更瘦一些，以便应对离别后因思念而瘦削的腰身；化一个淡雅的妆容，以便那里可以储存比脂粉更多的哀愁。

　　每逢思君，就登高远眺。久久地凝神眺望，见那大雁飞过辽阔的楚天，又是一年秋天到来。

● 解读

　　想你的时候，登上高楼，希望江边会有一艘船驶来，那上面载着日思夜想的你，可是每次都是空空，除了满载的鱼儿，没有一个人知晓你的消息。念你的时候，登上高楼，希望南来的大雁会带来在北方的你的信笺，可是它们一群群飞过，只留下阵阵凄冷的鸣叫，告诉我北方已是漫天飞雪。怨你的时候，登上高楼，希望重重青山中劈出的大道上，忽然有人出现，他带来你的消息，说你已驰骋在归来的途中，一日千里，转瞬即到。恨你的时候，登上高楼，希望苍天可以听到我的消息，知晓我内心的苦痛，哪怕又一年过去，能够让你进入我的梦中相会也好。

可是，我一次一次登上高楼，一次一次远远眺望，一次一次爱你恨你，一次一次盼你念你，秋天也来了又去，去了又来，眼看着年年消瘦憔悴，脸上写满了哀怨，远方的你啊，却还是没有归来。